出雲大社

千家尊統

出雲大社には4月1日に出雲大社教の教祖天穂日命（出雲国造家の始祖）を祀る教祖祭がある。この写真は当日御本殿と氏社で奉仕した現出雲国造千家尊祀（中央）と管長千家達彦（その左）を先頭に退出する神職たち。

上は出雲大社本殿。右から八足門、楼門、そして背後の一段と高い建物が本殿である。
下はありし日の著者。

はじめに

本書『出雲大社』は、昭和四十三年に初版が発行されました。以来、出雲に心を寄せられた多くの読者との縁に結ばれて約三十年の間に、何回もの増刷りを経て今日にいたっています。とくに、出雲大社の創建創祀以来の祭主（宮司）である出雲国造の継承儀礼である神火相続の火継式、年毎の蘇生儀礼を含む古伝新嘗祭など、出雲大社に秘められてきた古代以来の祭りの姿を公にしたことにより、広く注目されました。

今回、改めて本書を見直してみますと、三十年の月日の間に、神社をめぐる環境、交通などもいくらか変わり、出雲における考古学上の大きな発見も相つぎました。また当時、本書の執筆にたずさわった父、第八十二代出雲国造千家尊統もなくなりました。

そこで、平成十年現在の状況に応じた小改訂をほどこしましたが、あくまで小改訂にとどめ、基本的には千家尊統著述の本文をそのまま残しました。

近来、出雲大社近くの神庭荒神谷遺跡や加茂岩倉遺跡から大量の銅剣や銅鐸などが発見されましたが、いずれも神祭りに関わる地名を残す地からの出土であり、神祭りに奉仕する身としてはなはだ興味深いところであります。さらに独特の大型の四隅突出型の方形墳丘墓、邪馬台国の卑弥呼に関わる景初三年銘の鏡、「額田部臣」の銘文太刀が発見されるなど、出雲地方はとみに日本古代史上、重要な地域として注目され、同時に、出雲大社の占める意味もますます大きくなってきました。とりわけ、加茂岩倉遺跡や景初三年銘の鏡出土の神原神社古墳の地は、遠祖の第二十五代出雲国造の出雲臣広嶋が勘造した『出雲国風土記』に記載される大原郡の神原郷の「所造天下大神（大国主神）の御財を積み置き給いし処」というあたりであり、出雲大社（大国主神）の信仰の伝承と考古学上の成果との相関に、ますます悠久の歴史に誘引される昨今であります。

本書を小改訂したこの機会に、さらに世の多くの方々が改めて「出雲大社」に心を寄せられ、その古代以来、長い時を超えて今日に至る存在性を理解してくださるよう願うものであります。

平成十年六月

出雲国造第八十三代・出雲大社宮司

千家尊祀

御遷宮にあたって

出雲大社は現在、悠久の祈りを継いで、昭和二十八年の「昭和御遷宮」以来の〝平成の大遷宮〟をお仕えしています。出雲大社の主祭神の大國主大神様のお住いの御本殿は、古代より幾たびもの御造替による御造営遷宮を繰り返し繋ぎ継いで、江戸時代の延享元年（一七四四）の御造営遷宮以来、文化六年（一八〇九）、明治十四年（一八八一）、昭和二十八年（一九五三）と御修造による御遷宮を仕えて、このたびの平成の御修造遷宮を迎えました。

そのお仕えのために、私どもは「出雲大社御遷宮奉賛会」を結ばせていただき、会長には日本経済団体連合会の奥田碩名誉会長にご就任いただいて、平成二十年四月、国宝の御本殿にお鎮まりの御祭神の大國主大神様を御仮殿にお遷し申し上げ、全国の皆さまのお心添えをたまわりながら国宝の御本殿はじめ重要文化財の境内・境外の諸社殿などの御修造をすすめさせていただいています。

〝平成の大遷宮〟の事業は平成二十七年度末まで継続しますが、御本殿を中心としますす瑞垣内の御修造がととのいます平成二十五年五月には、大國主大神様にもとの御本殿へお還りいただきます正遷座の「本殿遷座祭」をお仕えします。

ご周知のように、出雲大社の御本殿は、古来、とくに「天下無双の大廈」とたたえられてきましたが、平成十二年、境内の八足門前の地中から三本の巨木を一組の柱とした巨大な御柱の建築遺構が顕現し、語り継がれた昔日の高さ十六丈の御本殿建築の姿相が明らかとなりました。こうした悠久の出雲大社の祈りを現在に受け継いで、未来に生かされる子孫へとしっかり橋渡しをしていく使命を承当して、皆様方の篤信の御心を結びながら、〝平成の大遷宮〟のお仕えに心を尽くさせていただいているところであります。

本書は、第八十二代出雲国造・出雲大社宮司でありました祖父の千家尊統の手になるものですが、おかげさまで多くの方々にご覧いただき、版を重ねさせていただいていますことに感謝を申し上げます。これからも、本書がご参拝の皆さまのよき案内書として、そして「出雲」理解、ひいては「日本」理解のお役に立つことができれば幸いであります。

平成二十四年五月

出雲国造第八十四代・出雲大社宮司

千 家 尊 祐

ささやかな体験
——「はしがき」にかえて——

出雲の大社《おおやしろ》に詣て見侍りければ、天雲たな引山のなかばまで、かたそぎの見えけるなん、此世の事とも覚えざりける。

　やはらぐる光や空にみちぬらん　雲に分け入ちぎのかたそぎ

と詠じたのは寂蓮法師《じゃくれんほうし》である。また同じ平安末期に西行《さいぎょう》法師が伊勢神宮の大前《おおまえ》にひれふして詠じた、

　何事のおはしますをば知らねども　かたじけなさになみだこぼるる

の和歌はよく知られている。天照大神《あまてらすおおみかみ》を斎《いっ》く神宮に詣でた西行、大国主神《おおくにぬしのかみ》をまつる出雲大社を

拝した寂蓮は、それぞれの宮居を仰ぎみて、その感動と感激を詠んだのであるが、この思いは人間の心の素直な働きともいうべきであろう。

終戦後の日本の復興は、とくに経済的に回復することを目標にしてきた。そのためになにもかも外国の――とくに米国の模倣《まね》をした。それが正しいことだとするのは錯覚だということに気もつかずに、あるいは卑屈なほどにも、追従してきた。そして文化国家として新しい出発を誓ったのに、祖国の神話を否定するようなことが、さもとうぜんのことであるかのように議論されてきたが、これではたして文化的といえるであろうか。

祖国と民族とその伝統にたいする深い愛情があってこそ、国民の名にふさわしく、そこからおのずと芽生えたものこそ、まさしく文化の名に価するものである。伝統に深さのない国にあっては、国家がその理想なり、国民の理念なりを説くためには、横にひろがっている社会と国民との関係に重点を注ぐことが必要かもしれないが、わが国のように歴史のある国では、横にひろがって幾重にもなっている社会を、縦につらぬき結んでいる伝統というものを無視して、とくに国家の理想や国民の理念を求めることはできないのである。

今日わが国は、大工業国と世界から認められるほどに経済的に復興しているが、日本人らしさの精神的な自立は、残念なことにいまだしの感がふかい。もうここらでお互いに日本民族の誇りをもとめあって、自立への反省をしなければならないとおもっている。寂蓮、西行の味わった感激、そういう感激をもつことができる素直な心をよみがえらすことが、乾燥しきった砂漠のなかで生活をしているような空虚さから、脱することになるにちがいない。そして、ここから、自立と民族の誇りへの熱意があらわれてくるであろう。

吉川英治は伊勢神宮にひれふして、

ここはこころのふるさとか
そぞろまいれば旅ごころ
うたたわらべにかへるかな

と綴っているが、このような素朴な心が大切に感じられてならない。私は出雲大社《おおやしろ》の神主として第八十二代の出雲《いずも》国造《こくそう》を継いだが、つねに寂蓮法師、西行法師、吉川英治の心の働きと同じような心の働きをとおして、「天下《あめのした》造らしし大神」とたたえられる大国主大神の御声、御心を拝したいと祈りつづけてきた者であるので、とくに、このようなことを話さずにはいられないのである。しかし私は出雲のこと以外はまったくの門外漢であるから、ここでは出雲のことを話しながら、こういう心を語りかけたいとおもう。そして出雲の文化の跡をたどることによって、それが新しい文化の母《ぼ》胎《たい》となることを、念願してやまないのである。

戦前奉仕時代の著者

ここで私事を記すことをお許しいただきたいとおもう。

千家《せんげ》の家は、天照大神の第二子の天《あめの》穂日命《ほひのみこと》を始祖と仰ぎ、今日まで、出雲大社の祭祀《さいし》を専修《せんしゅう》して私が八十二代になる。家訓《かくん》として示されているものは特別にはないが、代々の祖等をはじめ一門の者たち、また出雲大社の社家の諸人は、言い継ぎ語り継いできている始祖の道を、ひたすらに神習うことによって伝統を維持し、伝統を創造することにつとめてきた。私の家が八十二代もつづいてきていることを、世間では不思議におもい、家がこうして維持し存続する理由につき、質問をうけることがしばしばであるが、私はつねに答えて、

「皇室の弥栄《いやさか》と国家、民族の繁栄とを祈りつづけてきたわが家の使命を、懸命につくしてきた一門の者と、それに協賛し協力してくれた人々の働きによる」

といってきた。歴史をみても、国家が創業の理想をわすれたときにほろび、家の衰頽《すいたい》も、家訓なり精神を忘れたときに訪れてきているということをおもうと、国家なり家なりの精神がしっかりと持

統されることが、永遠の栄えに通ずることにほかならない、と考えられるのである。

わが家では、四月一日を始祖の祭り日としてきている。この日には一門ことごとく、また出雲大社の社家の諸人は、大広間に集まって祭事を奉仕する。この時に『天穂日命縁起』を当主が読み聞かせ、わが家に伝えている〝劒・玉・鏡〟を拝戴させる儀式を行ない、これによってわが家の伝統をあらためて自覚し、始祖の道を神習うことを誓いあうのである。

こういう雰囲気のなかで生長してきたので、父から神主になるようにとくにいわれなくても、神主になることが、私に与えられた仕事であると、知らず知らずのうちにおもうようになっていたとおもう。だから、国学院大学の史学科の学生であった明治四十四年に、父尊紀《たかのり》が突然に帰幽《きゆう》したので、古例によって神火《しんか》相続《そうぞく》の火継式《ひつぎしき》をつとめて、家督《かとく》を継ぐことになっても、さしも特別の感懐はわいてこなかったようにおぼえている。しかしいいしれない緊張感

国造館内にある斎火殿
一般には「お火どころ」とよんでいる。

におそわれたことだけは、いまも忘れることができない。わが家の歴史を知れば知るほどに、「出雲国造」職にあることの重圧感がのしかかってきたが、この重圧感と緊張感は、在職四十余年の間いささかも変わることがなかった。いいかえれば、自分と自分とのたたかいであった。この苦しみを代々の祖たちも、私の場合と同じように経験し、超克して、わが家の伝統を維持し、発展させてくれたのである。私の息子たちにも、願わくばこの苦しみを超克してほしい、とおもっている。

わが家に、「お火所《ひどころ》」という特殊な建物がある。これだけは萱葺屋根《かやぶきやね》、荒壁《あらかべ》、板敷《いたじき》であるが、半分は土間になっていて、調理する場所となっている。この「お火所」は、昔ながらのままで用いられていて、ここでのおつとめによって当主の一日がはじまる。

幼い時、父が「お火所」にはいるときには、平常と違って、とてもきびしい顔をして廊下を渡っていくのを見ていた。それほどに緊張していたのであろう。幼い心にも、この建物が大切な場所であることを知るようになっていた。そしてそこには父と家僕一人しかはいることが許されていなかった。私は火継式を奉仕する日に、はじめてこの「お火所」にはいった。わが家の生活の中心になっているこの「お火所」のおつとめをすることから、私のほんとうの人生が始まったといえる。ここにいよいよはいる時期がくるまでは、すべてが準備であるが、私にはあまりにも早く、しかも突然にやってきたのであるから、心の準備など、でき上っていたとはいえなかった。けれども、不安感は少しも持たなかった。家の雰囲気が、すでに心身になじんでいたからであるかもしれない。その時、二十九歳であった。この日に母は、御先祖の霊殿の前で、

「今日からは福麿《とみまろ》（私の幼名）がこの家の神統を継ぐ人です。誠心誠意、この事だけ心にきざんではげみなさい」

と諭《さと》してくれた。それからの母は、私を子としてではなく、始祖にたいしてとる礼と同じ礼をもって、私に接したが、このことが私に、私のつとめをいっそう自覚させることともなったのであるが、同時に他方では、淋しさを感じたことも事実であった。このために私は和歌を学んだり、民俗学に興味を持つようになったのだとおもう。

「お火所」では、「心のきよめ、身のきよめ」を伝えてきた御火切《おひきり》（桧の板の燧臼《ひきりうす》に卯つ木の燧杵《ひきりきね》を切りもみして火をだす）で調理した精進《しょうじん》の御汁と野菜、こんぶ、かちぐりの二膳と御水をいただくことからつとめ、天神地祇《てんしんちぎ》をまつる神床《かみどこ》を拝礼し、相対して坐して祈念をつづけるのである。この場合は祝詞はない。おわって真新しい白衣に着替え、家伝の御火切を懐中にして退出する。そして一門、社家の人びとに見送られて、熊野大社にむけ人力車にのって出発した。熊野大社は出雲大社から約六〇キロはなれている。

熊野大社の斎館《さいかん》にはいると、その時に家伝の御火切を用いて「心のきよめ、身のきよめ」をつと

め、神前にすすみ、相嘗《あいなめ》の忌火《いみび》御飯《ごはん》を炊《た》く「燧臼」に、

奉神納御燧臼神火相続者天穂日命八十二世出雲大社宮司千家尊統

と墨書《ぼくしょ》し、鑚火殿《さんかでん》において、この燧臼と燧杵とによって鑚火した神火で御飯を炊ぎ、調理する。鑚火の際には、まず小刀で燧臼に火口をきざむことを私がする。荒菰《あらこも》（水生の草の一種）を敷いて、その上に木綿・紙・もくさをそれぞれもみくだいてかさね、火口の下において、燧杵で切りもみはじめる。これは私と別火職《べっかしょく》でおこない、社家の上席者が、燧臼が動かないように手添《ぞ》えをする。神火が発すると扇子であおいで、杉と柳のけずりばなに移して御飯を炊ぐ。

ふたたび昇殿して忌火御飯と持参した醴酒《ひとよざけ》（あま酒）とをそなえ、大前と四方とを拝して相嘗《あいなめ》の儀をつとめる。とくに祝詞を奏上して拝礼することはなく、古伝による心祈黙禱《しんきもくとう》の辞をささげる。つづいて「歯固め」の儀をおこなうが、このときの敷皮は「海獣の皮」である。

どうして海獣の皮が用いられるかはわからない。神事には真菰《まこも》、荒菰が諸具の下に敷かれるのが通例であるのに、このようなものが用いられることには、なにかの深い意味がひそんでいると考えられる。ご教授をお願いしたいところである。

「歯固め」は長寿を祈る儀式である。つづいて、榊の小枝を両手に持って百度の拝礼をおこなうが、この時には伶人《れいじん》（楽を奏する人）は琴板を打ち、神楽歌を唱う。この拝礼が「百番の舞」といわれて

いるが、それはたんに型式の上から表現したにすぎない。これは神にささげる舞いではないことは明らかである。この時、一回ごとに微音で唱語をいう。おわって、伊弉那美社《いざなみのやしろ》、火置社《ひおきのやしろ》に拝礼する。

この火置社には前代の国造が、火継式をつとめたときの燧臼・燧杵が納められている。このたびは私がつとめた燧臼・燧杵を納め、父が納めたものを焼却した。これが古例である。

また、忌火御飯の米は出雲大社の神田、清水と歯固めの石は、大庭《おおば》の真名井《まない》神社の真名井から汲み取ることが、古例となっている。

翌日には、これから私が専修することになる出雲大社の古伝新嘗祭をはじめ、諸祭事に用いる燧臼・燧杵を拝戴する鑽火祭を奉仕するが、この時に「亀太夫神事」をおこなうことになっている。

この神事は燧臼と同型の餅を熊野大社におそなえするについて、熊野の神人から粗末な餅を調理してきては申し訳ないことではないか、と注意をうけるのだが、そのときこちらとの間で即興的な問答を繰り返えす。こちらはとにもかくにも、おそなえしていただかなくてはならないから、平身《へいしん》低頭《ていとう》して、先方の言葉にさからわないように答える。この問答の言外には、神を祭る者の心得があらわされる。亀太夫とは熊野の神人のことである。餅は長さ八五《センチ》、幅一五《センチ》、厚さ五《センチ》である。

こうして神火相続をおえ、新しい燧臼・燧杵を拝戴して火継式は終るが、つづいて熊野大社より約五《キロ》ほど大社寄りにある神魂《かもす》神社に詣でる。神魂神社の斎館で「きよめ」をすませてから、拝殿で「三十三度の祓」をおこなって昇殿する。大床では「三十三度の拝礼」をなし、御内陣にすすんで「百度の拝礼」を、榊の小枝を両手に持っておこなうが、この時には熊野大社と同じく伶人が琴板を打ち、神楽歌を唱う。おわって貴船《きふね》社を拝礼して神事相撲にうつる。これをつとめる力士は神《かも》魂《す》神社の氏子からえらばれ、その名を鶴山と亀山とよぶ。この神事は拝殿でおこなわれ、私は本殿大床から見るのである。これに先立って、鶴山が斎庭より素足のまま駆けあがってきて御酌をなし、拝殿にくだって相撲をとる。これで神魂神社での神事も終って大社にかえる。

わが家の大門には氏子たちが待ち迎えてくれ、私の行列に「小みかん」を投げる習慣がある。これをうけてから出雲大社の会所にはいって一泊し、翌日に昇殿して神拝をなし、「お火所」にはいって拝戴した神器によって浄めの式をつとめて、これによって火継式はすべて終ることになるのである。

神火相続すなわち火継式は、時代によって多少の相違が見られる。たとえば、往古には熊野大社だけで奉仕していたが、中世からは神魂神社で行い、燧臼・燧杵をいただく鑽火祭も、熊野の神人が神魂神社にきて奉仕していたし、また忌火御飯を炊《た》くにしても、御火切にしても、国造が直々《じきじき》におこなうのが古例ではあるが、近くは別火職がつとめるようになってきた。私は古例を尊重して、復活できることは復活して奉仕した。

この神火相継を火継式といっているけれども、その精神は「霊《ひ》継《つぎ》」である。あらゆる祭りも祈りも、この霊継の心があってこそ、意義が深められていくのである。神―祖先―われ―とむすび、われ―子孫―へと無窮に伝えていくところに、日本民族の精神的支柱がある。そこにかぎりない繁栄が約束されるのである。

私は昭和二十二年に職を長子尊祀《たかとし》に譲り、読書と筆稿とに楽しみをえた日々をすごしている。本書は神主として奉仕した年月と、その後の日々にまとめたものによってできている。この書の発行に際しては、学生社の御好意によるが、とくに鶴岡社長の強い慫慂《しょうよう》をいただいた。なにぶんにも八十三歳にもなると、いささか根気が続きかねるので、御迷惑をおかけすることになることを憂慮して、再三にわたって辞退した。いざ承諾はしたものの、やはり遅々として筆はすすまなかったが、文学博士森田康之助・藤井貞文両先生に万端のお世話をいただいて、ようやく、その責をはたすことができた。御迷惑をおかけした学生社の皆さまに深くお詫びするとともに、両先生に厚く御礼を申し上げて、筆を擱《お》かせていただく。

昭和四十三年五月

第八十二代出雲国造
千《せん》家《げ》尊《たか》統《むね》

本書は二〇一二年六月に刊行した『出雲大社』〔第三版〕の一部を訂正し「学生社　日本の神社シリーズ」として刊行するものです。

目次

出雲大社で発掘された心御柱

祖々の
つかへしこと
此の夜
遷宮の式を行ひまつる
神輿はしづしづともとの大宮に
帰ります
ほの暗き四囲に
拍手のひびきここかしこに聞えて止まず
尊きろかも
皇神たちの宮造に似て
昔を今ここに見る
則ち皇室国家人民こぞりて
繕ひまつるはけだし伝え来しが如し
思ふ
近き明治の代
尊福尊紀時の多くの人の
苦しみ、いそしみ、ここに再びす
しかも、神事一層盛大
嗚呼、僅に
我れ等、父祖に対え得たるかと
喜び誠に大なるあり
（昭和二十八年五月十日夜）

一　出雲の大社《おおやしろ》

出雲の初春

出雲の新春は、出雲《いずも》大社《おおやしろ》の初詣でからはじまる。大晦日の晩から大社の八足門《やつあしもん》の前につめかけた初詣での教信徒たち——出雲大社ではその信仰者を教信徒という名でよぶ——数千人は、元日の午前零時、開門をつげる太鼓の音とともに、大浪の寄せるように本殿前にどっと寄せ、拍手をうって思い思いに新年への祈念をこらすのである。参拝者の中には、初詣で二十回を誇る篤信家や、十年連続一番のりを目ざす熱心家もいる。

伊勢神宮とならび、わが国でもっとも格式の高いこの出雲大社では、平素は参拝客が八足門をとおって瑞垣《みずがき》の内に入ること——大社ではこれを「お庭ふみ」とよぶ——は許されていない。だからこうして瑞垣の内に「お庭ふみ」のできる正月三ヵ日には、全国からおよそ五十万の人たちが参拝に馳せつけ、新年の幸せを祈るのである。大阪や京都さらには広島や岡山、山口から大社行きの臨

おみくじを結びつけた境内の樹木

時列車が何本も特発されるのも、このときである。夜もほのぼのと明け始めた午前七時ごろには、斎館《さいかん》で潔斎《けっさい》をしていた第八十四代出雲《いずも》国造《こくそう》千家《せんげ》尊祐《たかまさ》宮司が、多くの祀職をひきいて木履《きぐつ》の音も軽やかに、静かに本殿に参進して、わが国の弥栄《いやさか》、皇室の御繁栄や国民の幸福を、出雲の国の大神に祈るのである。

祭神は大国主神《おおくにぬしのかみ》であるが、大国《おおくに》を「ダイコク」ともよむところから、仏教のダイコク天に中世から習合されて考えられ、頭巾《ずきん》をいただき、右手に小槌《とづち》、左に嚢をせおい米俵の上に乗る福神の姿を、人々は想うのである。参拝者が縁起物のダイコクさまの面や飾り物の小槌《とづち》を買って帰り、若い男女が縁結びのオミクジをもらっては、嬉しそうにそれを境内の杉や松の枝に結びつける姿も数多く見うけられるというのも、人々の心の奥深くドッシリと根をおろした大社の信仰を、まざまざと見ることのできる、のどかに平和な初春の風情である。

出雲《いずも》大社《おおやしろ》のお膝もとの大社町《たいしやまち》では、正月三日には笛や太鼓の鳴りものも賑やかに、「吉兆《きっちょう》さん」

と「番内《ばんない》さん」が町内を練りあるく。吉兆さんというのは、「歳徳神」と大きく縫いとりをした高さ一〇メートルで幅一メートルあまりもする赤や白の金襴幟旗《きんらんしき》のことで、その尖端には日・月をえがいた扇と、さらにその頂に金色の剣が立っていて、その豪華さは神都の新春をかざるにふさわしい。この吉兆さんは各町内にひとつずつあって、三日の朝、当番の家から、笛や鼕《どう》のはやしとともに、それぞれ威勢のよい神謡《かみうた》をうたいながら、町内の若衆によってかつぎ出され、大社の八足門《やつあしもん》前に立てて人々は新年の幸せと国家社会の繁栄を祈った後、町内を練り歩いて、その福をまいて歩くのである。一つの町の吉兆《きっちょう》さんがこうして八足門前に立てられているときは、そのお祈りがすむまで、他の町内の吉兆さんは静かに後ろに控えて順番を待っている。真心をこめた祈念を妨げまいという、いかにも神都の住民にふさわしい配慮からである。

吉兆さん

この吉兆さんが町を往き来するとき、いつしょに町を歩き廻るのが番内《ばんない》さんである。番内さんは白や赤の大きい鬼の面をかぶり、金襴の神楽衣裳を身につけ、孟宗の青竹のささらをひきずりながら、「悪魔払い、悪魔払い」と大声をたてて町をかけ廻る。番内さんになる人は町内の厄男で、町内の家の軒さきに立っては、青竹のささらで門先きや地面を、力いっぱいたたく。たたくことによって、自分とその家との両方の厄を、はらい去るのだと信じられているのである。

元日の祭りが日本の各地からの教信徒の参集を見、広く日本を対象とした祭りだとするならば、

八足門前に立て，祈念をこらす吉兆さん

番　内　さ　ん

三日のそれは大社地もとの祭りであって、大社膝下の人々のこうした信頼と期待の上に、大社二千年の信仰は発展し展開してきたのである。恐ろしい顔をした番内さんが通ると、若い娘や子供たちが、わあわあとにぎやかな笑い声をたてながら、道をよけるその風情は、まことに明るく平和な日本の象徴であるということができる。

大社という社号

出雲大社では年間七十二回の祭りがあり、五月十四日の例祭には勅使がたつ。勅使が祭礼にたつ社といえば、全国でも数少い特別の神社だけである。出雲大社がこうして皇室から特別の待遇をうける社であるということは、その「大社《おおやしろ》」という呼び名それ自体が物語っている。大東亜戦争前までは、神社の称号には、大神宮・神宮・宮・大社・神社・社の五段階があり、大神宮や神宮という呼び名は、皇室の御祖先や天皇をお祀り申した神社にかぎられ、宮というのは原則として皇族をお祀りした神社、というふうに区別があって、一般の神さまはみなそれがしの神社とかあるいは単に社とかいうだけであった。その中で出雲大社だけは「オオヤシロ」という特別の社号をもっていたのである。ちょうど花といえば桜、山といえば富士山をあらわしたように、「オオヤシロ」といえばただちに、出雲の杵築《きずき》に鎮座する、わが大社のことを人々は思いうかべていたのである。今日でもどんな山間僻地《さんかんへきち》、津々浦々の人たちもすべて、「タイシャ」といえば、神代以来杵築の地に鎮まりいます、この壮大な出雲大社をおもうのがつねである。

小泉八雲の参拝

この出雲大社を広く世界に紹介したのは、世界の文豪ラフカディオ・ヘルン（小泉八雲　一八五〇―一九〇四）である。ヘルンが出雲大社に初めて参拝したのは明治二十三年（一八九〇）の九月十四日のことであった。この年の春アメリカから海路横浜に着き、八月末に英語の教師としてはるばる松江中学校に着任してから、二週間後にはもう大社に詣でている。明治三十七年九月二十六日東京西大久保の寓居で急逝するまでの十四年間、彼の心眼に映じ彼の筆に表現された日本の姿は、詩的な美しさと、感傷的な物のあわれとをともなって、惻々《そくそく》として人の心を動かすものがある。海外に広く知られた彼の幾多の文章のうち、「杵築――日本最古の社殿」、「杵築の記」の二篇は、とりわけ数十頁にわたる名文で、大社を訪れる外国人には今日でも、この上もない案内書となっている。

神国というのは日本の尊称である。しかも神国の中でもっとも神聖な土地は出雲の国である。（中略）出雲の国の中でも杵築はとくに神々の都会であって、その古い社殿は古代の信仰、神道という偉大な宗教の本家本元である。

と、ヘルンは述べたあと、さらに筆をついで、

杵築を訪ねることは、私が杵築に関する伝説を知ってから以来、私の最も熱心な願望であった。そして欧洲人で杵築を訪ねた者は甚だとぼしいことと、また大社の社殿に昇殿を許された者は一人もないというこ

とを発見して、その願望はいつそう強くなった。実際大社の境内へ近寄ることさへ、許されなかったものもある。が、私は私の親友で、また杵築の宮司を親しく知っている西田千太郎氏の案内状を持っているから、いくらかもっと幸運であろうと信ずる。(「杵築—日本最古の社殿」)

と、ヘルンは不安とおちつきなさのうちにあってなお、期待に胸をはずませていた。このときヘルンが泊った杵築の宿は「いなばや」である。九月十三日の晩、彼は宿の主人の案内でさっそく大社に参拝した。提灯《ちょうちん》のあかりで見る参道の松並木、大きな注連縄《しめなわ》に目をみはり、浪高い晩秋、大社の海に寄りつく竜蛇様の話に、かれは好奇の目を輝やかせたのである。こうして翌十四日、ヘルンは正式の参拝を許された。八足門下に威儀を正して迎える数名の神官、宮司の風姿の威厳——ヘルンはこれを英雄のごとき風姿といっている。このときの宮司は私の父、第八十一代国造尊紀である。

雲に入るばかりにそびえたつ千木、高く太くたくましい社殿のただずまい、太古さながらの大社造りの特徴、全国の神々が十月には出雲に参集するという、いかにもロマンチックな伝承と、瑞垣の外に東西にならぶ十九社のこと、熊野大社や大庭《おおば》の神魂《かもす》神社のこと、さらには亀太夫神事と矢つぎばやに次々と耳にする話は、どれもこれも、神話と伝承と歴史とが渾然と一つに融けあっていて、その好奇心はいつしか深い神秘感に、包まれてくるのを覚えるのであった。

ヘルンはこのあと火燧臼《ひきりうす》に火燧杵《ひきりきね》や琴板・巫女舞《みこまい》の実演などを見て千家国造館で饗応をうけ、午

稲佐の浜——遠く三瓶山がうかぶ

後は稲佐の浜に歩をはこび、神代の昔国譲りの交渉の行われた砂浜に立ったのである。渚に寄せては返す浪音は昔を語る語部として、神代の神話をヘルンに語りかけたことであろう。晴れた日のことである。薗の松山の砂丘は弧を描いて遠く南にのび、釜を伏せたような形をした三瓶《さんべ》の山は、神代そのままの姿で、靄の上にポッカリと浮かんでいたにちがいない。

この上もなく日本を愛し、日本のこころをこころとし、日本で死んだヘルン、英国人を父としギリシア人を母とし、ギリシアの地で生まれたヘルン、漂泊にも似たその五十五歳の生涯、胸中にしっかりとやきつけられていたのは出雲大社である。その日本名としていた「八雲」とは、スサノオノ命の詠んだといわれる「八雲立つ出雲八重垣、妻隠《ご》みに八重垣作るその八重垣を」によったことはいうまでもないことではあるが、同時に人の立ち入ることは許されていない出雲大社の背後の山、その山の名をまた八雲山とよぶところから、ヘルンはその日本名を「八雲」とすることにきめたのであった。

この異邦の人ヘルンにむかって、父尊紀宮司がかつて物語ったように、これから私は出雲大社のことを、出雲を訪れたことのない人や、大社を参拝したことのない人にもよくわかるように、そしてヘルンが出雲に深い愛着を感じとったように、おのずとこの出雲を、ひいてはこの日本の国がらを愛する気持が、読者の胸奥に湧然とわきあがれかしと念じて、話をすすめていくこととする。そしてこのためにはまず、出雲という国の名の起りやその意味について、考えるところから始めたいとおもう。

八雲たつ出雲

出雲という名はどうして起ったのであろうか。それにしても地名や国名の起りというものは、これを誤りなく知ることはまことにむずかしい。

出雲でのもっとも古い記録は、奈良時代の天平五年（七三三）二月三十日勘造《かんぞう》という日付けをもつ『出雲国風土記』である。これには島根半島を国引きして本土に結びつけたという八束水臣津野命《やつかみずおみつぬのみこと》が、八雲立つと申されたので、以来、八雲立つ出雲とよぶようになったとしている。

しかしこれでは、出雲という国名の意義についての説明にはならない。柳田国男の弟で特異な業績をあげた松岡静雄は、その『古語大辞典』で、イツモとはイツ（美称）藻ということでなければならないとし、最近では早稲田大学の水野祐教授が、同じくイツ（神聖なという意）藻説を復活されている。事実、出雲の海岸には風土記の昔から、海松または黒珊瑚など、装飾品の材料になる藻が産するので、これにより国名をえたという解釈も、成り立たないわけではない。

また歴史地理学者藤田元春博士はイツモとはイツオモ（五面）の義で、オモとはいまの言葉でいうならば郡とか市とかというような一区域の地をいうのだと解した。『出雲国風土記』を見ると八束水臣津野命が国引きをされたのは支豆支《きづき》・狭田《さだ》・闇見《くらみ》・三穂《みほ》の四地塊であって、これにいまの宍道湖や中海の南に展開する平野部をあわせると五ッの地域となる。これがつまり五面であり、出雲とはこうして五つの地域から成り立っている国という意味だ、といわれたことがある（如墨委面考『史林』二一ノ三、昭和十一年）。人の意表をつく考察といってよいが、どうも素直には受けとれない。

アイヌ語説

古くはイツモをアイヌ語で説こうとする試みが強かった。アイヌ語では岬のことをエツ（etu）といい、静かな所または港湾をモイ（moi）というので、これが併さったエツモイという言葉からイツモになったとする。島根半島の佐田の北に恵曇《えとも》という漁港集落があって、いかにもこのエツモイ説が妥当であるように思われる。同じアイヌ語起源説でも、アイヌ語の権威金田一京助博士は、アイヌ語で岬のことをエンルムというから、このエンルムがイツモとなったといった方がよいと説いている。しかしこういうアイヌ語起源説は今の地形については妥当であるが、出雲の古代地理の上からは成り立つべくもない。島根半島は遠い昔は離れ島であり、従ってイツモは岬《エツ》《エンルム》でも湾《セイ》でもなかったからである。

白鳥庫吉博士の説

こういうアイヌ語説に対しどこまでも国語に由来を求めようとしたのが白鳥庫吉博士であった。私は学生時代に博士の家に下宿していたので、たびたび親しく承わったことであるが、博士は大和を中心にして、東国をアヅマとよぶのは朝つ方《も》ということであり、これにたいしイツモとは夕つ方《も》で西という意味になる、というのがその解釈であった。この白鳥博士の説をかつて私は学術誌『出雲』（神道学会機関誌『神道学』の前身）に紹介したことがあるので、今日でも白鳥博士の説として学者の間には注目されている。

霊魂と雲

私はかつてはこの白鳥博士の説に関心のひかれるものがあったが、今は古いといわれるかもしれないけれども、やはりイヅモを出雲と書くその雲に結びつけて考えている。ただし本居宣長のいうようにイデクモ（出雲）のデクが約《つづま》ってイヅモとなったとか、イデクモのクが脱落したものだというような説に従うものではない。雲にはモという訓みかたはもともと無いけれども、モノという言葉がわれわれの国語には古くからある。モノシリのモノであり、モノノケのモノである。大物主神という強烈な勢威をもった神もあり、大神《おおみわ》神社（奈良県）の御祭神である。『万葉集』ではまた神や魂という漢字をモノとも訓ませている。そして石川・山口・熊本の諸県の方言で化物のことをモノといい、わが出雲ではガガモとよぶ。

　さてつぎに雲に死んだ人の霊魂を象徴させて考えるという人々の心意は、古くから数多く見ることができ、『古事記』や『万葉集』等の古典に、その例をあげることは容易である。天孫降臨のときは「天の八重たな雲を押分けて、天の浮橋にそり立たし」とあり、日本武尊が病重くまさに崩ぜんとするときは、「はしけやし吾家の方よ雲ゐ立ち来も」と、これを霊魂を迎える雲と見たてておられるのである。天叢雲劍《あめのむらくものつるぎ》は八岐大蛇《やまたのおろち》のいるあたり、常に雲気ただようところから、それと察せられたといい、『万葉集』にはたとえば、大津皇子が刑死せられたときのこととして、

　百つたふ　いはれの池に鳴く鴨を　今日のみ見てや　雲隠りなむ（巻三の四一六）

という歌があり、神亀六年（七二九）左大臣長屋王が死を賜わったときの、倉橋部女王の作れる歌として、

　天皇《おおきみ》の　命《みこと》かしこみ　おほあらきの　時にはあらねど　雲がくります（巻三の四四一）

と、このように雲は、霊魂の心的表象として、古代の人々にはうけとられていた、ということを知るのである。斉明天皇が御年八歳の皇孫建王《たけるのみこ》を今城《いまき》に葬ったときの歌として、

　今城なる　小丘《おむれ》が上に　雲だにも　著《しる》くし立たば　何か嘆かむ

とよまれたということが『日本書紀』に見えている。おそらくはクモ、クマ、カミ、キミは皆同じ言葉の転訛であろう。こうして出雲と書いた場合の雲という文字は、霊魂とか神とか、その他これ

に類する意味あいをあらわすために、ことさらに用いた文字ではなかろうか。イツモのモとはモノのモであり、このモノという観念をあらわすために、雲という漢字を仮りにあてたのではないか、と私はおもっている。申すまでもなくイツモのイツとは厳ということであって、霊威や神威を示す言葉である。

このように考えるときは、出雲は文字通り霊威の国であり、神の国であるということになるであろう。今日われわれが、出雲をよんで神話の国というのもまた、出雲という国の性格を十分にいいえている言葉である。

出雲はこうして神の国であるために、日本神話が大和朝廷の立場で組織づけられたとき、日の御子は日向に降られたと構想すると同一筆法で、スサノオノ命の降る地として、出雲の国が選定されたのである。こうして出雲の国が神の国だ、と考えられ信じられるようになってきたが、こういう考えかたが成り立つためには、出雲大社の存在と、この大社に神代以来相承けて奉祀しつづけている出雲国造との関係なしには、考えらるべくもないのである。そしてこのように、出雲の霊威ということをおもうときには、出雲国造が皇室から代々特別な待遇をうけ、その奏する神賀詞《かむよごと》が、朝廷でとくに崇ばれてきたということが、おのずから理解されるであろう。『古事記』や『日本書紀』が、根の国、黄泉《よみ》の国に出雲の国をあてているのも、こういう出雲の意味と、無関係では決してないとおもっている。

出雲大社は伊勢の神宮よりもその創祀は古く、わが国最古の神の宮であり、大国主神や因幡《いなば》の白兎以来ながく人々に親しまれてきているにもかかわらず、その研究文献や記録の類がきわめて少いといえば、これを不思議とし、意外に思う人も多いこととおもう。これというのも出雲大社にあっては、遠く神代の昔からわが出雲国造家が御祭神大国主神の祭祀に専心これあたり、道は祭祀を通じてのみ純一に伝承してきた、ということのためである。このことの一端は先刻「ささやかな体験」で述べたところである。

このように考えてくると、神代ながらにそびえたつ出雲大社の社殿には、歴代の出雲国造の祈りがこめられ、瑞垣の積石のひとつひとつが悠遠の道をわれわれに語りかけているのである。こういう声なき声を、耳を澄ませて聞きとらねばならないのであるから、出雲大社の研究には多くの困難がともなうのである。今日歴史の研究がきわめてさかんであるにかかわらず、大社の研究がいっこうにすすまない理由は、このようなところにあると私はおもっている。

本書はこうして大社の歴史を明かにし、出雲の霊威、その神秘さというものを説こうとするところに、若干の意義が認められるとすれば幸せである。

二　八岐の大蛇とスサノオノミコト

山陰の旅

山陰線の旅行をいまつづけているとする。伯耆《ほうき》富士とも云われる大山《だいせん》の美しい山だちを、車窓の左に見、蒼海原の沖合はるかにかすむ隠岐の島々を右手に見て、遠く元弘の昔、日本海の荒浪をこの大山をめあてに、からくも漕ぎつけられた後醍醐天皇、天皇を迎えて志を一つに結集して立ちあがった名和氏一族の物語、はたまた、

われこそは　新島《にいじま》もりよ　おきの海の
　あらきなみ風　こころしてふけ

という御製に、承久の後鳥羽上皇の御心事を傷ましくも思いふけるうちに、島根半島の尖端、緑の美保の山なみが旅客の眼には、絵にも似た美しさとしてうつってくるのである。中海の岸辺からさらには松江を過ぎて、宍道湖畔を列車が風をきって走るときの、対岸の島根半島のただずまいは、

米子市の方からみた伯耆の大山

斐　伊　川

雨に煙ってよし晴れてよし、さわやかな朝方の靄に包まれても美しく、別しては日暮れ方の夕映えの美事さは、筆舌のよくつくすところではない。ヘルンが日本を愛し、日本を好きになったことも、さこそとうなずかれる。

そのとき特急列車の車掌は軽やかなチャイムの音とともに、「出雲は神話の国」といって、眼前につぎつぎと展開する風光の説明を始めるのである。

ゴオゴオと高い音をたてて斐《ひ》伊《い》川の鉄橋をわたるとき、車掌は馴れた口つきで、遠い神代の昔、この斐伊川の川上にすんでいたという八岐《やまた》の大蛇の話を披露する。年ごとに、うら若い乙女を生けにえとして要求した、という八岐の大蛇の話である。出雲は神話の国だということを、今さらのように人々は思いしらされる。そして出雲大社を参拝しては、この出雲では、神話はまさしくいまも生きているのだということを、まざまざと実感するのである。

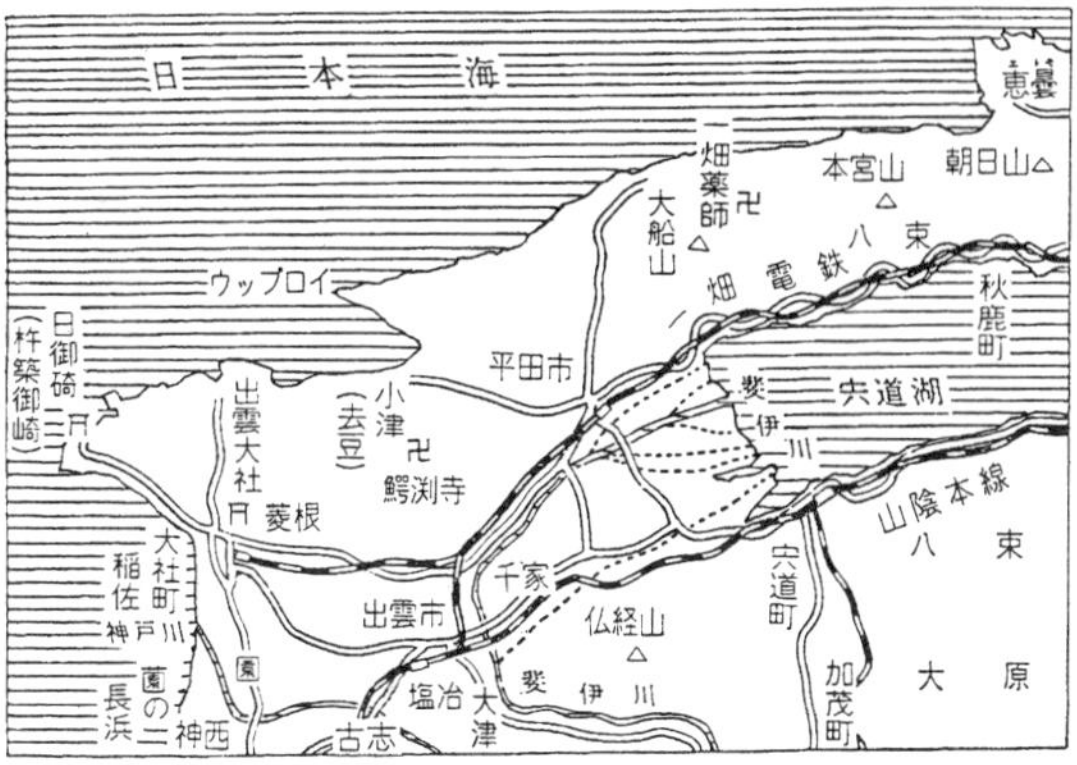

斐伊川下流地図　(……は溢流した旧河道)

斐伊川

延長八八キロの斐伊川が今のように宍道湖にそそぐようになったのは、寛永十六年(一六三九)からのことで、それまでは出雲市の武志附近から西北に流れて、日本海に入っていた。ところがその年の五月の大洪水で、斐伊川の本流が流れを変え、いっきょに宍道湖にそそぐようになってからは、大雨が降るごとに湖畔は氾濫に悩まされることとなった。延宝二年(一六七四)の大洪水のときは、宍道湖はあふれて松江の町は三メートルの大増水となり、見わたすかぎり一面の泥海と化した。住民はあらそって高台に難を避け、逃げおくれた

斐伊川の旧河道

者はからくも流木にとりすがり、不運な者は濁流におし流された。

　この悲惨な教訓から、松江藩は天神川を排水用水路として改修した。しかしついで襲ってきた元禄十五年（一七〇二）八月二十七日から九月三日にわたる大洪水では、増水は四㍍にも達し、溺死者五十人、流失家屋四七五七軒、さしもの松江城も内濠の石垣は一部崩壊を見た、というのである。斐伊川の治水ということは藩政時代から今日まで、島根県政の難問題の一つである。

　大水害は享保六〜七年（一七二一〜二二）、宝暦九年（一七五九）、文政九年（一八二六）から幕末の弘化・万延とひきつづき、明治にはいっても十九年、二十六年、さらには翌二十七年と治水の問題には代々の為政者は、みなひとしく心をくだいたのである。二十七年のときは、県知事は斐伊川を遠く天平の昔にもどし、直接神《かん》戸《と》川《がわ》に落す計画をたてたが、計画のまま挫折して今日にいたっている。第八十代出雲国造であり、後に貴族院議員となり、明治・大正の政界に活躍した祖父尊福《たかとみ》（弘化二年—大正七年）もこの問題につき、また心を痛めた一人であった。

河道の変遷

太古は島根半島は海中にうかぶ島であり、今日の出雲の穀倉地帯ともいうべき今市平野は一面に海であったのを、この斐伊川が埋めたてて出雲平野を形成し、かつては島であった島根半島を、やがて本土につなぐようになったということは、『出雲国風土記』にのこっている国引き伝説で、ほうふつとすることができる。

八世紀にあたるわが奈良時代の天平年間には、斐伊川は西向して古志（出雲市古志町）の地をすぎ、神西湖《じんさいこ》すなわち「風土記」にいう神門《かんと》の水海に注いでいた。神戸《かんと》川もまたここに注ぎ、出雲西部の二大河注ぐ湖は、今日よりも十倍も広かったという。こうして斐伊川は寛永以後三百年間に河道を変ずること五回、その間の堆積作用また顕著なものがあり、十六平方キロの新田ができたという。

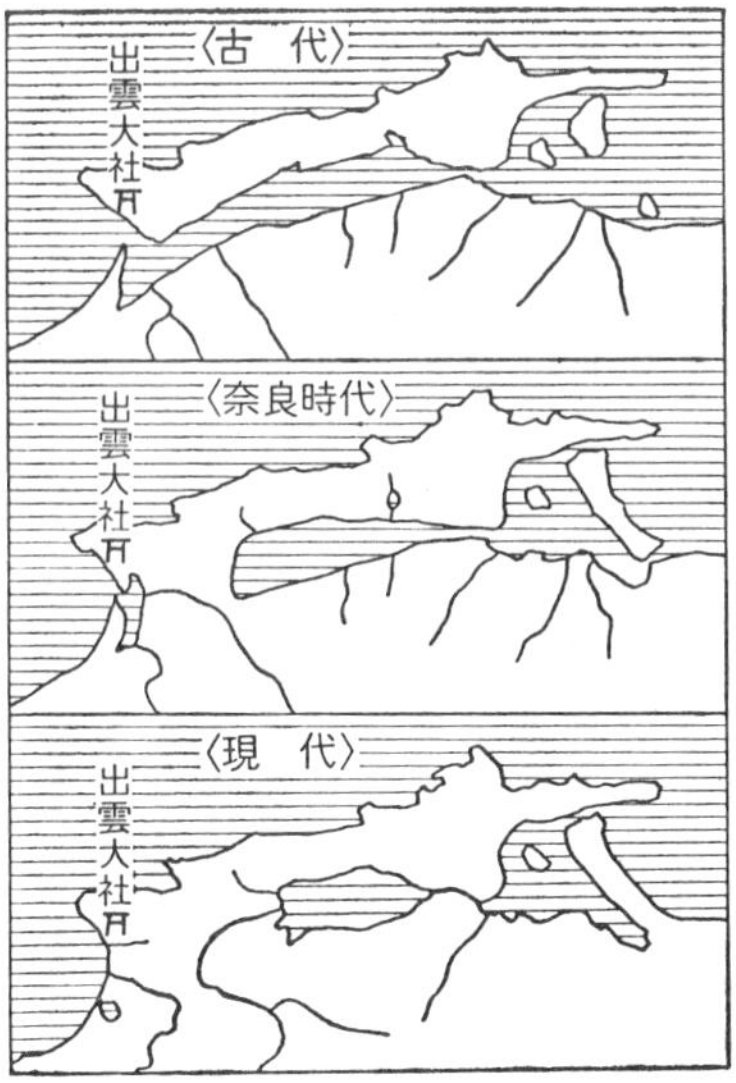

斐伊川河道の変更と宍道湖の形成図

松江市から一畑電鉄で大社参拝を志す旅客は、平田を過ぎてから車窓、仰ぐばかりに高い斐伊川の築堤を見て、その一たび荒れて、堤防のきれたときの惨状

斐伊川の築堤

堤防上の人物と比較してその高さが知られる。

を思いやり、肝を寒くしない者はないであろう。そしてまた白砂の河床に碧流を期待してこの川面を見る者は、川ぞいの水田や集落よりもはるかに高い天井川と、河床の褐色の流砂がまず眼を射、心にただならざるものを覚える違いない。

八岐の大蛇

出雲の国の水の大半をあつめて西北にながれるこの大河は、幾多の支流を統合し、河口もまた多数にわかれ、年間四万立方坪の土砂をながすという。川床はそこで稲田よりも年々高くなり、ために堤防もまた年々嵩上《かさあ》げをしなければならないのである。そして一たび荒れるときは、上流からの鉄分を含む褐色の砂が奔流し、まるで大蛇の血しおがほとばしるようなありさまとなる。

斐伊川の川上にすむという八岐の大蛇とは、つまりはこの斐伊川自体のことなのである。この出雲の大蛇は数多く岐れた口を東西にふりむけ、あるときは大社湾にそそぎ、あるときは宍道湖に奔入する。そして大蛇がその鎌頸をもたげ、西に東にとその向きをかえるたびに、農民が額に汗して、営々と作りあげた瑞穂なす稲田を呑みつくし、美田を一朝にして荒廃させる絶大な威力を発揮する一方には、堆積した土砂でまた陸地を造成していくのであった。

スサノオノミコトの大蛇退治の神話は、こうした斐伊川の治水にとりくみ、悪戦苦闘した上代の人々の理想像であり、水との戦いの苦悩の間に、おのずと体験して身につけられた期待と希望との、具体的な表明であったのである。

出雲神楽（大蛇退治）

稲田姫

天上、すなわち高天原をおわれたスサノオノミコトは出雲の国斐伊川の川上、鳥上《とりかみ》の峯《たけ》に降ってこられた。鳥上の峯とは出雲の国の仁多郡と伯耆の国日野郡との国境をなす船通山のことだという。そのとき箸が川上から流れてきたのでミコトは人ありと思し、あやしみたずねて川のほとりに老人夫婦が、乙女を中にして泣き哀しむのを見出し、ここで八岐の大蛇という凶悪なる存在を知るのである。

「自分たちはもと八人の乙女をもっていたのに、頭が八ツ尾が八つにわかれ、その身たけが谷八ツ高みを八ツも越える大きな大蛇で、その腹はいつも血がしたたって、赤くただれているような巨大な怪物のために、年ごとにわが生める乙女は食われて、いまはこうしてたった一人のこったこの子もまた、大蛇のために食われてしまわねばならないと歎いているのだ」とこのように老夫婦が涙とともに語るのを聞いて、スサノオノミコトは同情し、勇を鼓し剣をふるってこの大蛇を退治したのである。そしてこの後、この犠牲に供えられようとした乙女と結婚した。やがてこの神が広い国土を経営して、ここに出雲の国が定まるようになったのだ、というのがその話の大筋であり、出雲の須賀の地にその乙女、名は稲田姫との新居を営まれたとき、スサノオノミコトが、「八雲たつ　出雲八重垣　妻隠《こ》みに　八重垣作る　その八重垣を」とよまれたその歌から、出雲という国の名が起ってきたともいわれている。

生の根元的不安

この神話に記されている八岐の大蛇とは、その記しかたからいって、斐伊川そのものをあらわしたものだということ、あるいはまた大蛇に食われようとした稲田姫とは、その親を稲田宮主といっている点を考え合わせて、農耕地、総じて稲田の人格化であり、その象徴化であるということ、また大蛇を退治したということは、治水の成功をいおうとしているのだということは、すぐに察しがつくことであろう。

なにしろ農耕ひとつで、生活を支えていた古代のことである。生活の基盤としての稲田をおびやかす大蛇は、したがってこれを斐伊川の洪水に結びつけて理解し解釈しようとすることは、もちろんあやまりではないのであるが、しかしながら一歩をすすめて、大蛇をかたくなに洪水だけに限定しようとするのは、いかがであろうか。平和にして静かな人の生活をおびやかすものは、ひとり洪水の害だけではないはずである。行く川の淀みにうかぶ水泡《うたかた》は、かつ消えかつ結びてとどまることを知らないように、人生にはいつどこでその平和な生活をおびやかされ、人を不幸におとしいれるおそろしい罠《わな》が、人を待ちかまえているかもしれないのである。

この気味わるい怖ろしさを、人は十分には知っているが、その怖ろしさを直視しそれを考えようとすることは、たまらなく不安であり、怖ろしくもあるが故に、ことさらにそれを直視することを避け、またはわざと意識して考えまいとし、それから眼をそらそうとしているのが日常生活なのである。その不安、それは人が生きているかぎりつきまとうものであり、それを回避しようとしても回避することができないのである。それを今日の哲学では「生の根元的不安」という言葉で表わしているようであるが、その生の根元的不安、すなわち人の存在を本源的におびやかしつづけている不安、これを象徴するものが、この八岐の大蛇にほかならないのだということができるのではあるまいか。こういう不安をスサノオノミコトが、それこそ紫電一閃、祓禳し除去しさったのである。

神の出現

つまりこういうことではあるまいか。神の出現以前の社会は人の生をおびやかすもの、畏怖すべきものが、縦横にはびこり横行していたのである。ちょうど暁の陽光の前に、それまで人をとりまいていた漆黒の闇が、たちまちにその姿を消し去って行くように、ひとたび神が現われるや、これまで人をおびやかしつづけてきたところの、生に本源的につきまとって離れない不安が、拭いさられ除去されてしまうのだという、こういう神にたいする信頼と期待とを、この神話に読みとることができるということなのである。このことはひとり出雲の神話だけのことではない。日本神話のもつ基本的な性格であり、考え方なのである。

『古事記』を見ると、天照大神《あまてらすおおみかみ》の御子天ノオシホミミノミコトは大神の御命をうけて、この日本の国土を治《し》らさんとし、まず天の浮橋にたたして下界をはるかに見そなわされた際、その国はいたくさやぎてありけりと申されて、ふたたび天上に昇り、そこで使神を遣わして後に述べるように、大国主神に国土奉還を要求されることとなったというのである。

『日本書紀』ではこの条を天ノオシホミミノミコトではなくて、その御子神、天照大神からいえば、孫神にあたるニニギノミコトということになってはいるが、この箇所を「彼の地多《さわ》に螢火《ほたるひ》の光《かがや》く神及び蠅声《さばえな》す邪《あ》しき神あり、復た草木咸《みな》よく言語《ものい》うことあり」と記している。その地はちょうど草木すらがものいうような、それほどたいそうな混乱であり無秩序であり、闇夜に螢の光が明滅するような無気味さ、蠅がブンブン騒ぐような乱離の世界だったというのである。どこまでもこれは大和の神の立場から出雲を見た観察であり叙述であるが、換言すれば、神の降臨以前の社会が、無秩序の混乱に終始していたという、人々の共通の考え方の表明でもあるといってよい。

このことは逆にいえば、このような無秩序と混乱の世界に秩序を与え、動揺をしずめる使命をもつのが神だということになるのであり、人々の立場からすれば、不安と焦慮から一刻もすみやかに脱出したいという希望や要請を、満たしてくれるものが神、ということにもなるであろう。日本の神というのは、こういうはたらきを、昔も今も、かわらずもちつづけているのである。

スサノオノミコトと八岐の大蛇とは神話では、高天原《たかまがはら》という天上の世界から放逐されたスサノオノミコトが、斐伊川のほとりでまったく偶然にも邂逅したかのような話になってはいるが、じつはそうではなくて、人間がその生に本源的につきまとう不安に気づき、その祓禳脱却をねがうときにはいつも、神の出現を期待し要請し、神はこういう人々の要請に応じていつでも、天上から来臨しその期待にこたえてくれるものだという、神と人との間に結ばれた信頼と約束とを、この物語が表明しているのである。神と人とのこういう関係、これが日本神話の精神であり、神社と人々とのつながりは、昔も今もかわることなく、こういう精神の上に成り立っているのである。

高天原からの追放

日本の神はこうしていつも人々の要請と期待にこたえ、高天原と名づけた天上の世界から、この地上に来臨し、その姿をあらわすものだとするならば、そしてまたスサノオノミコトとは、今日の為政者が、高度にすすんだ技術でも治水に苦労する斐伊川を

宍道湖をめぐる山なみ（松江大橋から）

治めた、すぐれた霊格だとするならば、わが神話伝承ではこのすぐれたはたらきをしめす神を、高天原きっての乱暴な神であり、たび重なる粗暴な行為のために、高天原の秩序をみだす暴悪な神として、放逐されなければならなかったのはいったい何故であるのかと、不審に思わざるをえないであろう。

はやくも明治三十二年樗牛高山林次郎博士（一八七一—一九〇二）は『中央公論』に「古事記神代巻の神話及び歴史」なる一文をよせて、スサノオノミコトを天照大神の叛臣ないしは外敵に見たて、その圧力のために大神は一時敗北を嘗められたのであるが、やがて勝利を回復してミコトを流竄に処したということを物語るのであると述べたのが、わが神話学の端緒であるが、このミコトを暴風雨にたとえ、暴風雨のため太陽が蔽われて暗澹たる世界となったというのが、神話の上では天照大神が、岩戸隠れをしなければならなかった所以であり、この暴風雨が追いやられるとともに、晴れわたる太陽の勝利を神話化した伝承が、天の岩戸の物語であり、ミコトの高天原追放譚であるという解釈を、すぐれた伝承学者であり、わが国で最初の神話学者でもあった高木敏雄氏（一八七六―一九二〇）が明治三十七年その著『比較神話学』で提唱して以来、今日でもそのように考えている人が少くない。

天照大神を太陽とし、スサノオノミコトをその名から荒れすさぶ神だと解するかぎり、いかにも暴風雨に結びつけて、これを解することもできるように見える。さらには太陽神天照大神の岩戸《いわど》隠《かく》れを皆既日蝕《かいきにっしょく》とみなし、神武天皇が九州から東方大和に出発されたということから、高天原を九州の一隅にもとめ、九州を通過した皆既日蝕の日時を算出し、神代伝承を実年代の上にあてはめて、その時日を決定しようとする試みすらなされたのである。

神聖性の冒瀆

しかし以上の研究は、真摯な態度にもかかわらず、すべて妥当であるとはいえない。スサノオノミコトの粗暴な行為は、いずれも新嘗《にいなめ》の祭儀の神聖さを冒瀆する行為として、描かれていることを見おとしているからである。新嘗の祭りとは、収穫感謝の祭りであると同時に、その集団社会のつぎの年の豊饒をねがって、その社会の団結の中心の者が、新穀の穀物霊を新たに身につけることを目的とする祭りである。そのためには新穀を神にたてまつるとともに、その新穀をみずからが口にするのである。こうして神との共同の食事によって、その身がその神の霊をうけ、その神とひとしくなる、という意味をもった祭儀なのである。

このことの詳細は、後に出雲国造の古伝新嘗祭の説明の際にゆずるとして、スサノオノミコトの暴行が、すべて神の営田《みた》を荒らし、神を祭り神との共同食事をすべき神聖な殿をけがした、ということにかんしてのみ述べられているのである。このように神の神聖性さにたいする冒瀆は、神の憤怒をよぶのであり、かくては社会集団の翌年の豊饒さを根底からあぶなくする怖れがあり、ひいては集団社会の危機を招きかねないのである。このように神聖性の冒瀆は、社会秩序をみだす最大の反社会的行

直らいの食事

為であるがために、ミコトの高天原からの追放は、もともと免るべくもなかったのである。

天つ罪

さてここで考えを一歩進めると、スサノオノミコトが八岐の大蛇を退治して、瑞穂なす秋の稲田の豊饒を保障したということは、換言するならばミコト自身が偉大な穀物霊であり、農耕神であるということになるのではなかろうか。このことは、ミコトの高天原での粗暴な行為、それは神の神聖な営田《みた》荒らしということに帰着するが、これを天つ罪という言葉で、『古事記』や『日本書紀』の神話伝承が、あらわしていることから推論できるとしたのが、折口信夫博

士（一八八七—一九五三）であった。高天原での犯罪であるから「天つ罪」というのではなくして、「なが雨忌み」の意の「雨つつしみ」から、「天つ罪」という言葉が出たのだといったのは、まことに従うべき卓見であるとおもう。

これは博士が『万葉集』に、「雨障」「霖禁」「霖忌」と書いて、これを「アマツツミ」とよんでいるところからえた着想であって、「アマツツミ」とは五月の田植えの時分の敬虔な慎しみであり、禁忌であって、田植えのときには、その場に神が来臨して田植えをみそなわし、その田の豊饒を保障し、妨げをなす邪霊があればこれを追いはらい、鎮めるはたらきをするのだとかたく信ずるのが、昔も今もかわることのない農民心理である。そしてその神としてその場にのぞむのは、長くアマツツシミに服して、自らは神となったところの人なのである。

花まつり

三河《みかわ》の山間部、天竜川沿いの設楽《しだら》郡を中心にある田楽は「花まつり」とよばれる名高い祭りである。初春行われるこの祭りも、本来は前年の霜月に行われる春のとり越し祭りなのである。稲の花がよく咲いてみいる様子を祝福するところ、つぎの年の村の稲田のみのりもこのとおりであるということを、神霊が実際に人に見せてくれるという意味をもつのが、この祭りである。「花」という言葉は、植物の花をさすのではなくして、国語の感覚では前兆・前触れということを、もともと意味している言葉なのである。

『万葉集』巻八の藤原広嗣の歌、

此の花の、一瓣《ひとよ》のうちに百種《ももくさ》の、言ぞこもれる、おほろかにすな（一四五六）

は、思う人に自分の想いを、花にこめて贈った歌であり、

此の花の一瓣《ひとよ》のうちは百種《ももくさ》の、言保《こども》ちかねて、折らえけらずや（一四五七）

とは、その想い人の返し歌である。「花」という本来の意味をふまえることによって、この歌が成り立ってくる背景とその意味とが、おのずと理解されてこよう。

花祭りとはこうして、もともと次の年の稲のみのりの前触れであるのであるから、この祭りにでてくる鬼は、そういうみのりを人々に約束するところの穀霊でなければならない。この鬼は、そういう神霊であるがために、村人はすべてこの鬼にたいし畏敬の感情をもち、「やまみさま」「さかきさま」と尊称を用いてよぶのである。

夜を徹して執り行われる花祭りでは、鬼舞がその興奮の頂点なのであるが、この鬼舞の中で役鬼といって、「やまみ」「さかき」が「朝鬼」とともに、もっともおそれられている。いずれも鬼の面をつけ、鬼の着こみをした村人の舞であるが、この舞を舞う間は人は人であるとともに、舞う人はそれ以上に、神として在ることを自らも意識し、村人もそのように考えるのである。榊の舞ではもどきが榊でもって鬼をうつと、鬼はもどきと問答を始め、みずからは神霊たるの素性を語り出すの

である。見る目も怖ろしい大きな鬼の面に、手にはこれまた、巨大な鉞《まさかり》をうちふる急調子の舞いぶりは、漆黒の深夜の庭燎《にわび》に映えて、まさに妖怪の乱舞とでもいうべきである。

神とは、こうして人が神に扮装して人界に現われるのであるが、こうした花祭りの始まる前には、祭りの奉仕者は厳重な禊《みそぎ》と、注連《しめ》をおろした花宿に泊まりこんで、別火の精進を重ねるのである。所によっては八キロも一〇キロも山を越え、遠く天竜川の定めの場所での水垢離《ごり》をとって帰るのである。

つつしみ

人が神となるためには、前もってこういうつつしみの生活を、もたなければならないのである。出雲大社より東、島根半島の東端の美保神社など、頭屋《とうや》制度のきびしい所では、頭屋《とうや》は神に接し、あるいは神となるがために、一年の間、雨の日も風の日も、水垢離をとって社参することを日課とするほか、火を清浄に保つために、家族の者とも別火の炊事をして、こもらなければならないことになっているところが多いのである。

このように見てくるときは、スサノオノミコトの高天原での粗暴な行為は、新嘗の祭りにすべて関係しているということは、つまりミコトが、農耕の神となろうとするがためのつつしみの行為が、その前にあった、ということを間接にうかがわせるものがある。

この祭儀を前にしてのつつしみが、逆に暴行とつたえられるようになったについては、この神話が出雲ではなくして、大和でまとめられ、体系づけられたものであるということを、考えあわせなければならない。この日本の国は、大和朝廷の勢威によって統一されたのである。非大和的な勢力はすべて、大和のそれの前に屈服したのである。そのかぎりにおいては、非大和的なものは一様に敗者である。敗者といっても、たんにそれは勝者が、武力だけを用いたことを意味するとはかぎらない。遠い上代の昔である。宗教的な霊的な勢威ということもまた、考えられるであろう。それが有力な勢威であればあるほど、一たび敗者の地位に置かれたときは、敗者のそれまでもっていた勢威はねたまれて、その地位はしばしば逆転されるのである。

神話学でよくいわれることであるが、ギリシア神話でオリュンポスの王者ゼウスに、人類のために火を与えられんことを乞うたプロメテウスは、その拒否にあい、やむなく太陽から火を盗んだが、このため山上に鎖でつながれ、鷲のためにその身をついばまれるという酷罰をうけることになったというが、その実、このプロメテウスとは、ギリシア先住民族の尊信していた火の神であったというのである。このプロメテウスの場合がちょうど、わがスサノオノミコトによくあてはまるであろう。敗者の地位におかれた神の職能は、このようにしてしばしば、勝利者のために逆転させられるのである。

こういう関係から、スサノオノミコトはすぐれた農耕神として、本来あったのだということを、われわれは知ることができるのである。八岐の大蛇もかくて、このミコトの前に容易に屈服し、退治されたのであった。高天原の神話から、出雲神話へと、ミコトの農耕神としてのはたらきは、一貫してかわることがないのである。

スサノオノミコトの成婚

八岐の大蛇とは、平和な社会を一瞬にして押し流す洪水の象徴であり、具体的には斐伊川を、一般的抽象的には社会の無秩序や混乱、総じては人の生に本源的につきまとう根源的不安、とでもよぶべきものであるといった。スサノオノミコトが稲田姫を娶って、ふたたび天上にもどることなく、いつまでもこの地上にとどまることになったということは、こういう人生を危くするいろいろの不安から免れたいという、人々の心からの要請と希望であり、神とはそういう要請に応えるだけの力量をもつものとして、人々から考えられていたのだということを、この神話からわれわれは知るのである。

水の霊威

八岐の大蛇は足名椎《あしなつち》、手名椎《てなつち》という老夫婦の生んだ八人の乙女を、つぎつぎと年ごとに食い、スサノオノミコトがたずねたときは、たった一人だけのこった稲田姫を要求していたというのであるが、こういう伝承はつまりは、川の霊・水の霊に奉仕し、それを招き迎えて祭る巫女の、宗教儀礼を示唆しているのではあるまいか。

さきに述べた勝者と敗者との神話的構想の関係が、ここにもまたあてはまるのである。農耕には、水の恩恵はこれを欠くことができない。大蛇はたんに洪水の奔流とだけ理解すべきものではなくして、農耕に密接に結びついている水の霊威であり、総じて農耕神そのものだといわなければならないのである。

このことは大蛇が、ほかならぬ斐伊川の川上に出現したということが、端的に物語るとしなければならない。下流は大河のおもかげをもつ淀の川も、その川上の京都の鞍馬には、水神としての貴船神社があり、遠い昔、神が淀川をさかのぼってここにいたり、その乗れる船を覆してここに留まることになったとして、社殿前方の積石に舟型になったものを、のこしていることからも察せられよう。川上とは人里を離れているがために聖浄なのではなくして、神霊の留りますがゆえに本来聖域なのである。

こうしてスサノオノミコトと八岐の大蛇とは、神格としては本来たがいに共通し、一致するものをもっているのである。

三　宝剣の出現と出雲大社

天叢雲剣

スサノオノミコトはこうして八岐の大蛇を退治したが、その巨大な尾を切ったとき、ミコトの剣の刃さきが欠け損じた。あやしとおぼしてミコトはその尾を切りさき、そこに神剣天叢雲剣《あめのむらくものつるぎ》をえた。雲気たちこめるその霊威をあやしんで、ミコトはこの神剣を高天原の天照大神に献呈したという。

のちにこの神剣は、天降られるニニギノミコトに授けられた。日本武尊《やまとたけるのみこと》は蝦夷《えぞ》の東征にこの神剣をたずさえられ、草薙《くさなぎ》の地（静岡県）であわれた野火の難を、いちはやく草を薙《な》いでまぬかれてから、草薙の剣とこれをよぶようになり、三種の神器の一つとして、皇位継承のしるしとされて今日にいたっている。そしてこの神剣が熱田神宮に奉祀されていることは、よく人の知るところである。

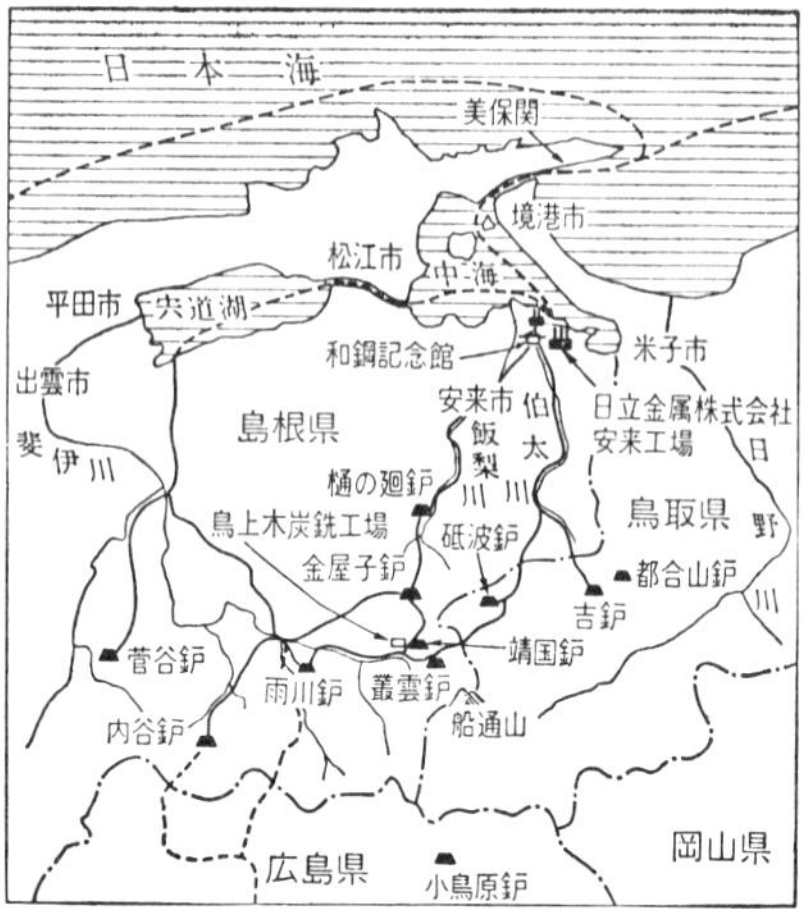

島根県下のタタラ分布図

蛇と剣

さてこの神剣は、斐伊川の上流の山地でえられたというが、出雲の山地、とりわけ斐伊川の上流一帯は昔からすぐれた良質の砂鉄の産地として名高い。今日なお島根の山中には砂鉄採取の事業所があり、これをタタラとよんでいる。そこで大蛇よりえた神剣から、中国山地のタタラ工人の存在を予想するのは、だれもが思いつく着想である。

しかし出雲が砂鉄の産地であり、鍛工技術が古くから進んでいたということは十分にいえるとしても、その神剣が八岐の大蛇の尾からとくに出現を見たというわけは、いったいどうしてかということについては、人は説明に困難を感ずるのではなかろうか。山間の谷あいをうねって流れる川筋それ自体が大蛇の蛇行に見たてられるということはいうまでもないが、わが古代人の感覚ないし理解では、蛇体と剣とはつねに融けあって一つのものとうけとられ、考えられてきていたのである。

『播磨国風土記』は八世紀初頭、和銅の詔命にもとずいて撰進された古風土記の一つであるが、その讃容《さよ》の郡中川《なかつがわ》の里の条の記載に、たとえばつぎのような話が見えている。

むかし天智天皇の御代にこの仲川《なかつ》の里に丸部具《わにべのよそう》という者があった。この人が河内の国兎寸《うき》の村の人のもってきた剣を買い求めたのであるが、この剣を買ってからこの家の者はすべて死に絶えてしまった。その家のあとに苫編部犬猪《とまあみべのいぬい》という者が田を作っていたが、あるとき土中にこの剣を見出した。柄はすでに朽ちはてていたけれども、刃はさびることなく、鏡のように光を放っていたというのである。そこでこの犬猪は不思議に思って持ち帰り、鍛冶職をよんでこの刃に火をいれて焼かしてみたところ、この剣は不思議なことには伸びかがみして、そのさまはまるで蛇のようであったので、犬猪は大に驚き、霊剣だというので朝廷に献った。天武天皇の十二年に、朝廷は曽祢連麿《そねのむらじまろ》を遣して、この霊剣を本の処に返し送ってこられた。

というのがその話である。ここでは蛇と剣とは一致してうけとられている。

国譲神話の原型

スサノオノミコトは農耕神であり、八岐の大蛇とは霊格において一致する。大蛇が農耕神であり作物の霊であるとするならば、ひいては作物の作られる国土の霊でもなければならないであろう。上代の人々にあっては、国とは具体的には耕地に他ならないと考えられていたことは、後刻出雲大社の祭神大国主神の話をするときに、もう一度くわしくふれることとする。いまここで剣はまた蛇と融けあって、一つのものと受けとられていたとするならば、スサノオノミコトが神剣を大蛇の体からえられたということは、出雲という地域社会の、社会結合または統合の中核体として自己を表象されたということになるのである。出雲という単位の政治的統

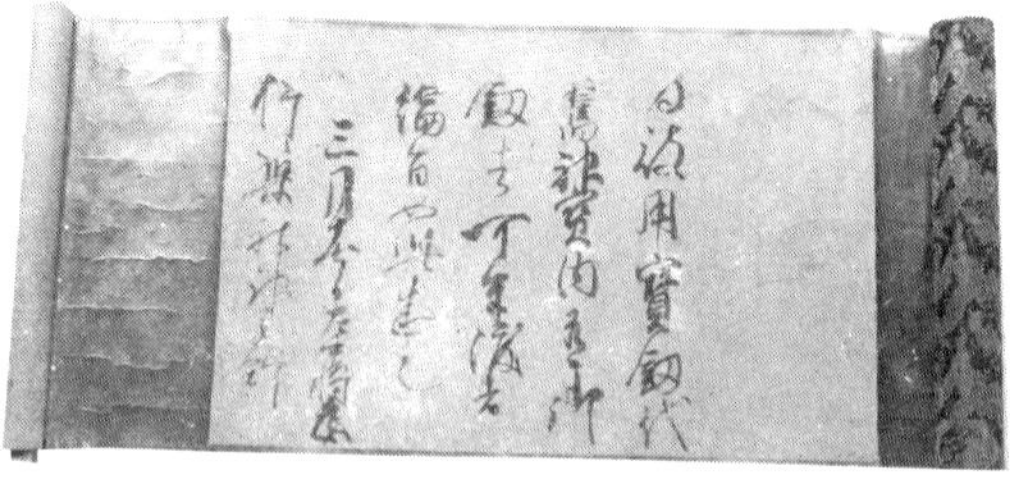

神剣勅望の綸旨（出雲大社蔵）

合が、ここに成立を見るようになったということなのである。そしてミコトがこの神剣を天照大神にたてまつったということは、大国主神の国土奉還、いわゆる国譲り神話の原型をなすものなのだということができるであろう。

神剣勅望の綸旨

出雲大社の宝物に「後醍醐天皇神剣勅望の綸旨」（重要文化財・元国宝）がある。もと千家国造家に伝えられた綸旨で、元弘三年（一三三三）後醍醐天皇が鎌倉幕府を倒し、王道をふたたび興さんことを念じつつ、伯耆《ほうき》の豪族名和長年に迎えられて船上山に御駐輦《れん》中のこと、その三月十四日には出雲大社へ王道再興の祈念をこらすべく命じられたのであるが、越えての十七日には、大社にむかしから伝えている神剣二口《ふり》のうちの一口を、勅望されたというその綸旨である。

前記「王道再興の綸旨」とともに、平泉澄博士は後醍醐天皇の御《ご》宸翰《しんかん》とされたが、『宸翰英華』には「神剣勅望の綸旨」のみをおさめている。墨痕雄渾、闊達にしてとらわるるところなき筆あと、気高き気品のうちにおのずとそなわった威厳、まさに帝皇の真蹟というにふさわしい、といわねばならない。

このときの天皇の御心事は、拝察するにおそらくは次のようであったであろう。つまり三種の神器のうちの勾玉《まがたま》は、タマとは本来魂《たま》そのもののことであるから、天照大神の御霊しろとして主上の聖躬(体)から離したまうことなく、もともと主上と一体不二であり、主上の御躬そのものがまたかくて、天照大神の神霊をやどされているのである。『増鏡』にも神璽は御躬より離ちたまうことなく、隠岐へ奉持されたと記載されている。つぎに神器のうちの御鏡はといえば、八咫《やた》の御鏡は伊勢の神宮に遠い上つ代の昔から鎮まりますがために、そこで船上山に天皇が遷幸せられ、足利氏が擁立した京なる光厳院の即位を否認し、天津日嗣は天皇御自身がゆるぎなく確乎として伝えられているのだということを、広く国内に主張しあきらかにしようとするためには、神器のうちの一つ、草薙剣にかわるべき神剣を、なんとしても御身にそなえなければならない。そのためには悠遠の神代のむかし、スサノオノミコトが出雲から草薙剣を奉られたように、出雲大社から神剣をもとめようとされたのである。これが「神剣勅望の綸旨」なのである。ここに後醍醐天皇のお考えのほどを、歴々と拝することができるのである。

「王道再興の綸旨」もさることながら、この「神剣勅望の綸旨」はまぎれもなく天皇の御宸翰であることは、いかにこのことを天皇御自身が、重しとされていたか察せられるのであって、わが出雲大社の国史上に占める位置が、かくてはっきりと示されているというべく、この綸旨が大社のもっとも大切な神宝の一たる所以である。

ときの出雲国造孝時は、この綸旨をうけるとただちに、大社に伝来する神剣二口のうちの一口を献納した。天皇はその志を嘉せられ、御愛用の琵琶その名は谷風（大社宝物）を賜わったといい伝えている。

この神剣については明治になって、教部省の命を奉じて時の大宮司であった祖父千家尊福が調査した記事が、尊福の著『出雲大神』に見えている。この二口の神剣は、作りはまったく同一で、社殿内に秘蔵する一口についていえば、無銘、鐔元《つばもと》から切刃先きまで二尺三寸五分、装束の金物は銀四分一、鞘《さや》は金梨地に墨の蒔絵だという。

出雲大社につたえる神剣は、こうして歴代の皇位と深く関係する。大社御本殿奥深くに秘蔵する神剣は皇位の無窮と結びつくのである。正月元日、大社の宮司は本殿に深く参進し、この神剣を捧持して高椽《こうえん》にでる。祀職一同は神庭にひれ伏してこれを拝する儀がとり行われる。宝祚天壌とともにきわまりなきのしるしを、ここに拝するという意味をもつものである。またこの神剣奉献あって間もない元弘三年四月十一日、出雲国の国富、氷室の両庄を大社に寄進する旨、別に綸旨を賜わっている。その綸旨には「殊に大社の興隆を致し、朝廷の安全を祈り奉れてえれば、綸旨此の如し」と明記されている。このようにして神剣御拝の儀は、大社の祈りの精神と伝統とが、脈々と伝えら

夜見が浜と大山　（伯耆の海岸が遠くの方に見える）

れているしるしである。

右の「王道再興の綸旨」といい「神剣勅望の綸旨」といい、ひとり出雲大社の社

二つの『伯耆巻』

宝たるのみならず、そのわが国における精神史的意義については、きわめて貴重な文化財であることはいうまでもないが、わが出雲国造家の伝統の上にあってもまた、ぬれぎぬをそそぐものとして、きわめて大切な史料なのである。

ぬれぎぬとはなにか。それは名和長年の勤皇の事蹟を伝える史料『伯耆巻《ほうきのまき》』に、天皇は隠岐を脱出して元弘三年閏二月二十七日の暮れ方、海上はるばるまずは出雲の海岸に到着されたところ、早速に杵築の神主が天皇を迎えとり、うち捕り奉ろうとしたために、天皇はそのとき非常なる危難に遭わせられた、ということが書いてあるからである。杵築の神主といえば出雲大社の神主、わが出雲国造家であること間違いない。国造家の一統は神代の昔から後にいうように、国土を皇室に奉還した大国主神に、ひたすら仕えて余念を抱くことなく、祭祀に純一にあたってきた家である。だからわが国造家には、天皇に逆意を抱くような者の輩出するわけがない。そして後醍醐天皇にはとりわけ大社を御崇敬あったことは、前記二つの宸翰の綸旨により明かである。さればこの後、名和長年の嫡子義高から、大社に所領の寄進があったことも千家々文書に明かな事実である。ところがこの『伯耆巻』に、右のような記述があるということは、いかにも残念なことである。

ところでこの『伯耆巻』はだれの著作であるか今日ではわからない。おそらくは名和に属する者が、一門一家の多くが戦死してから、あげて九州に下った後、その見聞する所を『太平記』をもととして事実を誇張しつつ記述したものであろう。この『伯耆巻』の所在が延宝七年（一六七九）水戸に知られて、『大日本史』の資料となってより広く流布し、『群書類従』にも収録され、名和氏の事蹟をあげて顕彰した門脇重綾の『名和氏記事』（文久二年）も、この書によったという。名和氏一族の精忠の顕彰はよろこぶべきだが、その根拠となった史料『伯耆巻』には、このように国造家に迷惑な話があるのを私は遺憾としていた。国造家にとっては、家の伝統からいって、まこと迷惑な記事であった。このぬれぎぬをはっきりとそそいでくれるものは、国造家につたわる二つの宸翰の綸旨をおいては、これまではほかになかったといってよい。この二つの宸翰綸旨から、田中義成博士も『南北朝時代史』で、「神主が御船に不敬を加へ奉りしといふは受け取れず、かたがた此書（流布本伯耆巻）は信じ難し」と申されていた。

ところが昭和十七年のこと、名和氏の事蹟の研究に多年専念していた太田勝友氏が、名和神社の名和顕忠氏の家から『伯耆巻』古写本を発見され、平泉澄博士により、この古写本は流布本の『伯耆巻』の成立年代をさかのぼる、天文永禄のころの書写にかかわり、したがって原本はさらに古くさかのぼっての成立であることが証明されたが、この『古本伯耆巻』には、流布本『伯耆巻』に見るような、杵築の神主がしかじかの不敬を天皇にたいしたてまつり、はたらいたというような記述は、まったく見えないのである。流布本『伯耆巻』はこの『古本伯耆巻』により、訂正されるところが多いのであるが、杵築の神主の条はまさにその一つであるといってよい。さればこの『古本伯耆巻』の発見は、わが国造家にとってもまた、めでたいことであった。

四　スサノオノミコトと大国主神

大社の祭神

出雲の神話にはその構成の核ともなるべき二柱の神があり、この二柱の神を軸として出雲神話の物語りが展開する。いうまでもなく一柱はスサノオノミコトであり、一柱は出雲大社の御祭神大国主神である。大国主神にはまたの名として大己貴《おおなむち》命（大汝命・大名持神・大穴持神）・八千矛《やちほこ》神・葦原醜男《あしはらのしこお》神・大国玉《おおくにたま》神・大物主《おおものぬし》神と、いくつも別名をもっている。出雲大社の御祭神は『古事記』や『日本書紀』の記載に徴してあきらかなように大国主神であるが、『延喜式』の神名帳出雲郡の条には、杵築大社の前に大穴持神の社という社を記載してあるところをみると、中古はいつのころからか、スサノオノミコトが大社の祭神と考えられるようになっていたとみえる。大社神域の荒垣正門にたつ碧銅の鳥居は、寛文六年（一六六六）六月毛利輝元の孫綱広の寄進になるものであるが、それにもそれ扶桑開闢してよりこのかた、陰陽両神を尊信して伊弉諾《いざなぎ》伊弉冉尊《いざなみのみこと》といふ。此の神三神を生む、一を日神といい、二を月神といい、三を素盞嗚《すさのお》というなり。日神とは地神五代の祖天照大神これなり。月神とは月読尊《つきよみのみこと》これなり。素盞嗚尊は雲陽の大社の神なり、云々（もと漢文）

大社銅鳥居

と刻みこまれていて、祭神をスサノオノミコトと考えられていたことがこれでもわかる。本殿の背後真北、八雲山の麓にある摂社素鵞社《そがのやしろ》の祭神がスサノオノミコトであるので、これとの混同でもあろうが、こうしてあやまって混同するだけ、それだけ出雲神話では、スサノオノミコトの神威が

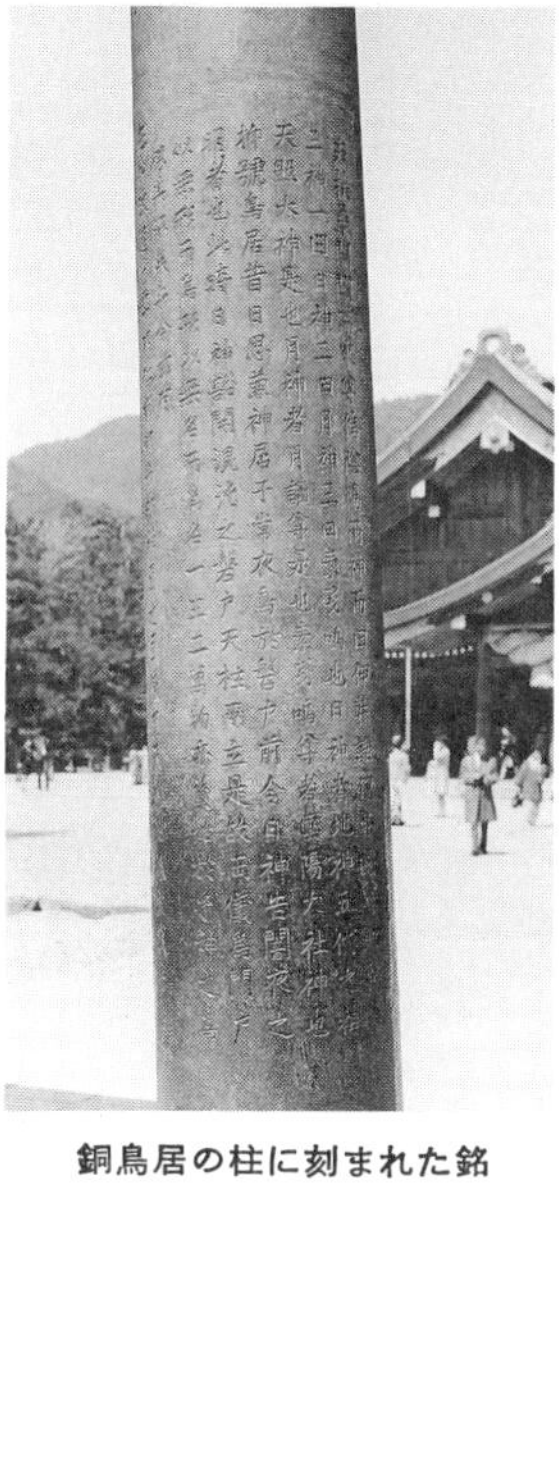
銅鳥居の柱に刻まれた銘

たかくうけとられていたということにもなるであろう。「神剣勅望の綸旨」がくだされたということもまた、大社の祭神については、スサノオノミコトとして、世間ではうけとっていたという一つの証拠にもなる。八岐の大蛇からえた神剣を献じたのはスサノオノミコトであり、大社の祭神たる大国主神ではないからである。

こうしてスサノオノミコトと大国主神との区別が、明確さを欠いていたということは、一面からいうと、混同されるだけの理由があるからなのである。スサノオノミコトと大国主神とは、同じ血すじで結ばれているということが、すなわちそれである。

素　鵞　社

大国主神の神統譜

『日本書紀』といえば八世紀の初頭朝廷で編纂した正史であり、わが古代史探究のためには欠くことのできない、第一等の書であるが、その『書紀』の神代巻には、大己貴神はスサノオノミコトと稲田姫との間に生まれた御子神であると明記されている。

ところが一方には異説として、

稲田宮主簀狭之八箇耳《いなたのみやぬしすさのやつみみ》が女子《むすめ》、号《な》は稲田媛を見そなはしてすなはち奇御戸《くみと》に起して児《みこ》を生む、清之湯山主《すがのゆやまぬし》三名狭漏彦八嶋篠《みなさろひこやしましぬ》となづく、あるは清之繋名坂軽彦八嶋手命《すがのかけなさかかるひこやしまてのみこと》と云ふ、また清之湯山主三名狭漏彦八嶋野《やしまの》と云ふ、この神の五世の孫は即ち大国主神なり、

あるいはまた、

稲田宮主簀狭之八箇耳が生める児、真髪触奇稲田《まかみふるくしいなだ》媛を以て出雲国の簸《ひ》の川上に遷《す》し置えて長養《ひた》す、然して後に素戔鳴尊《すさのおのみこと》妃《みめ》としたまひて生ませたまへる児《みこ》の六世《むつよ》の孫《みまご》是れを大己貴命《おおなむちのみこと》とまうす。

とあり、大己貴命はスサノオノミコトのすぐの御子神とする書紀本書の説にたいし、書紀一書の説はその間に長い世代の介入を認めているところに、大きな差異があるといわなければならない。先に述べたように、いうまでもなく大己貴命とは大国主神のことである。

ところで『日本書紀』とならび、同じ八世紀の編纂にかかる『古事記』は、天武天皇の叡慮に発したわが古代研究のための大切な古典であるが、この書に記載されているスサノオノミコトと大国主神との間のつながりは、次頁のようになっている。

こうして、「書紀」の一書の説としてあげたところの異説と、相通ずる考え方を『古事記』はここに掲げているのである。ではこのようにスサノオノミコトと大国主神とのつながりについて、異

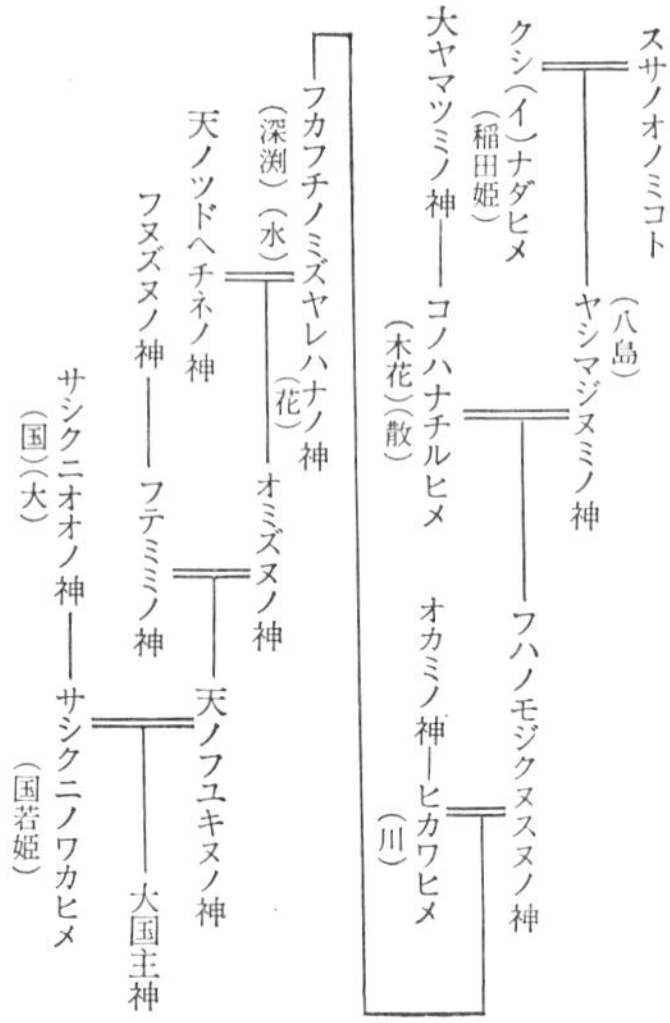

る所伝があるというのは、これをどう解釈すればよいのか。

それはつまり、神は人のように肉身で世代を継承するということは、どんな意味をもつことであるかの問題になるであろう。人が子から孫へ、孫から曾孫《ひまご》さらには玄孫《やしやご》へと、血のつながりの無窮の発展を考えるということは、祖先のなしとげようとした志を、自らが承けて実践し、自らにおいて十分には実現しえなかったその志を、やがて子孫に期待するという、こういう考え方が日本人の胸の奥にはいつもあるのではあるまいか。子孫への血のつながりとは、人により意識や認識に、多少の差異は免れないものがあるとはいえ、こうした理念の展開への期待であるということができないであろうか。われわれはいつも、親は子にその志は実現され、自己は子孫においてその志は実を結ぶものと考えたいのである。これが子の親として、子にたいし期待する心の常である。こういう意味で、親子はいつも一体であり、血のつながりの子孫は、祖先と一つになるのである。

このように考えてくるときは、スサノオノミコトと大国主神とは親子の関係であるという『日本書紀』本書の記載は、あやまりではないと同時に、この二柱の神の間に長い世代の介入を認めようとする考え方も、また正しいのである。ここに神道の考え方の特色がはっきりと示されている、といわなければならない。そして後代の人が右の系譜について、わずかにいいうることは、その所伝のどれが正しく、どれがあやまりかということではなくして、そのいずれの所伝が早く、そしてそのいずれがおそく歴史上に現われたのか、ということだけである。

そこで物ごとはどれも簡単なものから複雑なものへと推移する、という一般原則をここにあてはめるならば、大国主神はスサノオノミコトの御子であるという伝承が、その型がもっとも簡単であるところから、それだけにもっとも早くわれわれの間に成立した考え方だ、ということができるのではあるまいか。平安時代初頭の大同二年（八〇七）にできた忌部宿祢広成の『古語拾遺』には「素《すさ》戔嗚《のおの》神《かみ》、国つ神の女を娶《みあ》ひて大己貴神を生む」となっていることが、この際あわせて考えられる。

志の継承

日本人の心にあっては、父の志はその血とともに子がこれをうけつぎ、父と子とは一体として考えられるのだといった。そこでスサノオノミコトが農耕の神であるとするならば、大国主神もまた同じように農耕の神であるということになるのであるが、その間に系譜の上に介在せしめられている、神々の性格を徴することによって、一段と明確になるものがあるとすれば、神話理解としてはこれに越したものはない。

スサノオノミコトと稲田姫との間に誕生したヤシマジヌミノ神は、その御名からして大八洲を知らすという意味であると本居宣長はいっている。フハノモジクヌスヌノ神については明確な語義を捉みえないけれども、ヒカワヒメと結婚してフカフチノミズヤレハナ《(深淵之水遣花)》ノ神を生んだという。ヒカワヒメの親神たるオカミノ神とは蛇神である。こうして両者とも水に縁《ゆかり》のある神であることは、その名からして十分に察せられるところであり、オミツヌノ神は『出雲国風土記』意宇郡の条に見える八束《やつか》水臣津野命《みずおみつぬのみこと》にあたり、その名義からして、同じく水に関係をもつ神であると思われるのである。

このように見てくると、大蛇退治そのものは、ひろく世界に流布したところの、神話学者のよぶペルセウス・アンドロメダ型説話の日本における一つの現われであると同時に、一方には若き乙女を水の神に仕えさせた、わが古代祭儀との習合であるには違いないけれども、大和朝廷側の神話たる高天原神話には、たとえば天照大神という神の名からしても、太陽崇拝との結びつきや関連づけが強く認められるのにたいし、出雲のそれには、水との関連のいちじるしいことが指摘できる。そして水の霊の姿をかえたものが蛇であり、雷である。大国主神の霊魂の変容、これを幸魂《さきみたま》・奇魂《くしみたま》と古典ではよぶのであるが、その変容が『古事記』や『日本書紀』では、大和の三輪《みわ》の大物主神《おおものぬしのかみ》である。

大物主神

この大物主神は『日本書紀』の崇神天皇の条では蛇身をとって、雄略天皇の条では大蛇と現われ、一方には雷であった三諸岳《みもろのおか》の神もまた大物主神であるとされている。

大国主神の御子神に事代主神《ことしろぬしのかみ》と建御名方神《たけみなかたのかみ》があるが、事代主神は八尋の熊鰐と化して三島のミゾクイヒメ（溝杙姫）のもとに通われたという。ミゾクイとは田の用水路の杙《くい》のこと、つまるところ田の神であり、これに通った長大な鰐とは、蛇体を想像してかく名づけているのである。また建御名方神《たけみなかたのかみ》とは信州の諏訪の神であるが、その地方の人々はこの諏訪の神を、蛇体であるといまも信じている。また別にこの大国主神は、アジスキタカヒコネノ神を御子神としてもっている。「書紀」も『古事記』もシキには鉏または耜の字をあてるのであって、農具としての鋤、すなわち農業神にほかならないのであるが、この神の行動は、雷神としての性格がきわめて強いということがいわれている。

　このように水・雷・蛇にたいする信仰のいちじるしいのが、出雲神話の特色である。こういう性格をもった出雲の神が、神話の上ではまた、国土の造成に大きなはたらきを示されているのである。そういう神話のもっとも典型的なものが、八束水臣津野命の国引き神話である。

五　出雲創世神話の世界

出雲の地はその海岸線は変化がはげしく、岩石海岸の絶景はいかにも男性的な壮絶さをもっている。『出雲国風土記』に見える加賀の潜戸《くけど》の話は、こういう味わいをとくに濃厚に感じさせるものがある。その話とはこうである。

黄金の弓箭

加賀の神崎に高さ十丈余、周囲五百二歩ばかりで、東西北の三方に通じた窟がある。佐太の大神の生れたところである。この神が生まれるとき、側にあった弓箭《や》がうせたので、母神のキサカヒヒメノミコトが、「わが子がマスラ神（益良男神、男神の意）の御子であるならば、うせた矢が出てくるように」とお祈りになると、角の弓箭が水のまにまに流れてきた。その時、生まれた佐太の大神はこれを見て、これは神の子にふさわしい弓箭ではないと仰せになると、こんどは間もなく黄金の弓箭が流れてきた。大神はその弓箭をもって「この窟は真暗だ」と申され、矢で射通しなされたのが、今の潜戸である。そこで親神にあたるキサカヒヒメノミコトの社がここにあるのである。今もこの窟の内を潜《くぐ》る者は、必ず大声で叫びながら通過しなければならない。もし無言で通過しようとすると、神が出現して飄風を起すので、船は必ず覆るのである。こうして東西約二〇〇メートル、高さ三〇メートルの、水深は八メートルの巨大な窟が生まれ、そのハッシと射たてた弓箭は、潜戸の洞門より五〇〇メートルをへだてた的島をも貫通したといい伝えるのである。

生誕したばかりの神が、初めに流れてきた角の弓箭を、神の御子が持つにふさわしくない弓箭だといって、これを拒否する凛然たる威厳、堅固な巌を黄金の弓箭で射通す人間ばなれした腕力、奇巌峭壁の海岸にふさわしい雄大な話ということができる。

加賀の潜戸

はるか彼方の的島にも一直線に潜戸がつづいている。

国引き

こうした男性的な、変化のはげしい海岸線にくらべ、宍道湖をめぐる一帯の地は、女性的な美しい勝景がなごやかに絵のように展開する。中海や宍道湖の彼方にうかぶ青松や、少女の黛眉《まゆ》にも似たなごやかな島根半島の山なみを、海の彼方から引き寄せて、本土に結びつけてできた陸地だと見たてた話が、『出雲国風土記』の冒頭を飾る国引きの伝承である。はじめこの出雲の国がいかにも小さいのを残念に思って、八束水臣津野命《やつかみずおみつぬのみこと》が海の彼方の大陸などから、あちこちの出鼻出鼻をちぎり取ってきて、これを縫いつけ繋ぎ合わせて、この小さいできたばかりの国を大きい成人の国としたのだということを、「意宇《おう》」という地名の由来に結びつけて記しているのであって、すぐれた文章と、味のあるおもしろい発想とは、その昔は小学校の国定国語読本の教材にもとられ、われわれにはなじみの深い神話である。

意宇の杜（もり）

意宇《おう》と号《なづ》くる所以《ゆえ》は、国引きませる八《や》束水臣津野命《つかみづおみつぬのみこと》詔《の》りたまはく、八《や》雲《くも》立つ出雲の国は狭布《さぬ》の稚国《わか》なるかも。初《はつ》国小さく作らせり。故《か》れ作り縫はなと詔《の》りたまひて、栲衾《たくふすま》志羅紀《しらぎ》の三崎《みさき》を国の余り有りやと見れば、国の余り有りと詔《の》りたまひて、童女《おとめ》の胸鉏《むなすき》取らして、大魚《おおお》の鰭衝《きだつ》き別《わ》けて、幡薄穂《はたすすきほ》振りわけて三搓《みつより》の綱打ち挂《か》けて、霜黒葛《つづら》繰るや繰るやに、河船のもそろもそろに国来《くにこ》国来《くにこ》と引き来縫へる国は、去豆《こづ》の打《うち》絶《たえ》よりして八穂米《やほね》杵築の御埼なり、（中略）今は国引き訖へつと詔りたまひて、意守《おう》の杜《もり》に御杖衝き立てて、「おえ」と詔りたまひき。故《か》れ意《お》宇《う》といふ。

この大意を試みに次に現代語に記すると、こういうことである。

ここの郡の名を意宇の郡とよんだというわけは、神代の大昔、国土を作るという重責を負われていた八束水臣津野命が仰せられるには、「わが出雲の国は八雲立つといわれた名高い国だが、布にたとえると幅の狭い切地《きれじ》のような稚《わか》いおぼこな国である。これは一つ縫い合わせて大きな国としなければなるまい」とこういうわけで、はるか海の向うの新羅を望みつつ、サテ国のよけいの出っぱりがないものだろうかと見ていると、ナルホド有る有る。そこでよろこんで若い乙女の胸のような艶々した鋤をおとりになり、大魚の鰓《えら》を切り落すように、あるいは薄《すすき》の穂をバサリと振りわけるように切り断って、三本縒《より》の太い丈夫な綱をかけて、藤蔓などを手繰りよせるように、河船をソロリソロリと引き寄せるように、「国よ来い、国よ来い」と引き寄せ本土に縫い合わせてできた国が、いまの小津の浦の切れ目を境とした、あの杵築の岬なのだと、ザッとこういう意味である。

『出雲国風土記』にはこういう国引きの事業が、この杵築の岬の他に三ツ、計四通り連続的に記されているのであるが、その詞章《ことば》のうち「童女の胸鉏取らして」以下「国来国来と引き来縫える国は」までの部分が、都合四回も繰り返されているのであって、その口調のよさから、この詞章は古代には、たとえば祭儀のときなどに、人々が口をそろえて口々に誦してきた言葉に他ならないと思われるのである。そこにのべられている風景は、鋤をとり農事にいそしむかたわら、大漁の網の綱を引く海岸の漁村の、平和な生活である。

薗の長浜

遠方の右手にかすかに三瓶山がうかぶ。

この国引きの詞章は、あたかも風景画を見るような、宍道湖畔から中の海にかけての美しい静かにして平和な叙景であるが、この国引きの詞章はまた一面からすれば、すばらしく雄大にして宏壮な構想である。島根半島の杵築の岬は、海の彼方新羅の国の余りを、また美保の岬は、日本海の北越の国なる能登の珠《す》洲埼《すのさき》から引き寄せて、縫いあわせて作ったのだという。のみならずこうして引き寄せるとき、土地を結び堅めるためにシッカと立てた杙《かし》が、東は伯耆《ほうき》の大山《だいせん》であり、西は石見と出雲の堺にそびえる三瓶《さんべ》山だというのであり、引き寄せるときに使用した綱はいまになお残っていて、東に夜見が浜、西には薗の長浜がそれだというのである（米子から境港まで北にのびる日本海と中海をへだてる細長い陸地が夜見が浜）。大山や三瓶山に登って島根半島を見わたすとき、こういう神話はいかにもと思われてくるのである。

祈年祭祝詞

国土をば綱をもって引き寄せる、というスカッとした気宇の大きな構想は、わが民族本来のもので、たとえばその年のみのりが豊饒《ゆたか》なれと神に祈る祈年祭《としごいのまつり》は、わが民族がこの国土に住みついた悠久の昔から、くりかえしくりかえしつたえてきた祭儀なのであるが、その祈年祭にあたり神に奏上する祝詞が、平安朝中期の『延喜《えんぎ》式《しき》』に記載されている。この祝詞には「狭き国は広く、峻《さか》しき国は平らけく、遠き国は八十綱打ち掛けて引き寄することの如く、皇大御《すめおおみ》神《かみ》の寄さし奉《まつ》らば」云々とハッキリ見えているのであって、八世紀にできた『出雲国風土記』の国引きの詞章と、相呼応するものがある。わが国民性を島国根性とよび、その偏狭さを批判する声も高いが、徳川鎖国以前の、あるいは儒教や仏教にそまらない以前の、本来のわが国民性は、この国引きの詞章がいみじくも示唆するように、かくも高朗であり、かく

大社拝殿注連

国造館の門と注連

出雲大社（瑞垣内）

も宏大であったということを、思わなければならない。

こうしたわが国民性の本来の姿を、はっきりと人の心に焼きつけるものは、白木造り、直線的に太くたくましい柱で組立てられた方六間四面に高さは八丈の雲にわけ入る千木をもった大社本殿であり、わが家国造館の門や拝殿にとりつけられた、米俵よりもはるかに太く大きな注連《しめなわ》である。訪れた外国人は誰もがその青い眼をひっくり返さんばかり、その巨大さにおどろく。社殿については後にも述べるが、現在でも巨大であるのに、平安時代以前には現在の倍の十六丈もあり、日本一の大建築であったという。

巨大性への志向

巨大性についていえば、日本で一番高い神社の鳥居は、これまたわが出雲の大社のそれである。旧国鉄大社駅からの参拝路を北へいってすぐ、宇迦の橋のたもとに

大鳥居と宇迦橋

高さ二三メートルの大鳥居をくぐるのであるが、これに掲げられた神額だけでも、畳六畳敷の座敷の面積をもつと聞いては、誰しも驚かない者はない。このようにこの鳥居は、あまりにも高いので、車に乗った参拝客の眼には入らない。『出雲国風土記』にはあの大規模な国引きをされた八束水臣津野命が、その国引きをおえた後には、大社の祭神大国主神におつかえしようとして、多くの神々と杵築の郷に大神の宮の造営に奉仕したという話が見えている。大社がこの世のものとも思われぬほど大きいわけである。出雲大社のもつ巨大性、それは国引きの詞章の心であり、わが民族本来の国民性の宏壮さの直截なる表明であるといってよいのである。

国生み神話

以上のように、八束水臣津野命の国引きの話は、高天原神話に見るイザナギ・イザナミ二柱の神の国生み神話に相対するところの、いわば出雲での、出雲という実地に即した国土形成の神話ではないか、と私は考えている。高天原神話とはいうまでもなく大和朝廷の側で形つくられ、信じられてきていた神話であり、皇室の国土統治の妥当性を説き明かし、存在するものが合理的であるということを納得させる意図を、内にひめている神話である。だから『日本書紀』の国土成生の章には、

　天つ神伊弉諾《いざなぎ》伊弉冊尊《いざなみのみこと》に謂《かた》りてのたまはく、豊葦原《とよあしはら》千《ち》五百《いほ》秋瑞穂《あきのみずほ》の地《くに》あり、よろしく汝《いまし》往《ゆ》いて循《しら》すべしとのたまひて、すなはち天瓊戈《あめのぬほこ》を賜ふ、

とある記事は、同じく天孫降臨章の、

　皇孫《すめみま》に勅してのたまはく、葦原《あしはら》の千《ち》五百《いほ》秋《あき》の瑞穂国《みずほのくに》は、これ吾が子孫《うみのこ》の王《きみ》たるべき地《くに》なり、よろしく爾《いまし》皇孫就《ゆ》いて治《しら》せ、

とあるのと相呼応した一続きの説明神話であり、イザナギ・イザナミ二柱の神の国土統治と、天孫降臨神話とは、国生みが即ち国土統治にまで発展し連続するという、いわば同一類型説話の二回の繰り返しであり、イザナギ・イザナミという男女二柱の神に、こうした使命を与えられた天つ神としての天之御中主神、それに高ミムスビノ神・神ムスビノ神と、いわゆる造化三神を神話伝承の冒頭

に冠したというのも、人間の思考の発展にともない、根源的な神の存在への要請から思いつかれるにつれて、上へ上へと次々に加上されてきたものである。だから神話物語の始めに冠せられている

大山中腹から見た夜見が浜

神は、それだけ人間の歴史の発展とともに、後で成立してきた新しい神であるといってよいのである。

巨人神話

こういう高天原の神話にたいし、出雲神話の開闢神話はどうなっていたかを考えるとき、国土創成の神と古代の出雲の人々におもわれていたのが、この国引きの八束水臣津野命であったのではあるまいか。宍道湖と中海とをへだてて横たわる翠嵐の島根半島、この半島の方へ向って長々とのびた薗の長浜と夜見が浜の砂浜、低い中国山地のむら山の間に、たかく空につきさすばかりの大山と三瓶《さんべ》山、こういう道具だてがそろって、ここに遠い上つ代の人々が、国引きによる国土形成をおもうというのは、まことまたとうぜんな構想力といわなければならない。

日本の国内を旅行していると、太古にはダイダラボッ《(法師)》チという巨人がいて、あの窪地はその足あとだというような話を、各地でよく耳にする。その昔東京に遊学していたとき、笹塚のさきにある代田《だいだ》という地名に心ひかれて、この地をたずねたことがある。代田橋から東南へ一キロばかり、そのころはまださかんに栽培されていた棉畠の中に、長さ一七、八メートルもあるかと思われる窪地があった。まさにダイダラボッチの足あとである。いまはこのあたりは人家がいっぱいに密集して、その窪地をそれと確かめるすべもないことであろう。八束水臣津野命とはこうした巨人であったのである。

巨人といえば、かのスサノオノミコトもまた巨人として描かれている。稲田姫を櫛としてミコトの髪にさされたといい、巨大な八岐の大蛇を退治したという。広大な、はかりしることのできない自然のはたらきを、思うままに左右することができるためには、とうぜんそうした巨人の力が要請されてくるのである。斐伊川の治水に成功して、瑞穂なす稲田の豊かなみのりを保障してスサノオノミコトは、国引きをされて国土を造成された八束水臣津野命とは、また別の意味で、この国土を造成された国作りの神であったというわけなのである。

ところでわが出雲大社の祭神大国主神もまた、国作らしし大神として、『古事記』や『日本書紀』の神代伝承に登場してくるのである。大国主神は地下の霊魂の国たる根の堅州《かたす》国から、スサノオノミコトの女スセリヒメを正室としてむかえ、地上の国にたちもどるのであるが——そしてこのことはミコトが農神であり、その治水国土の神としての霊格を、大国主神がうけつがれたのだということを意味する。

こうして大国主神は、その事業の妨げをなす多くの神々を追いはらい、「国作り始めたまいき」と『古事記』はのべ、『書紀』にはたとえば、「国の中に未だ成らざる所をば大己貴神独り能く巡《めぐ》り造る」と見えている。大国主神はこうして、この国土を造られた神として崇められていたのである。のみならず、『出雲国風土記』には大国主神をよぶに「天の下造らしし大神」と、最大最上の敬称をもってしているのである。いいかえるならば、遠く古代の出雲の人々は、大国主神とはこの天地の創造神に他ならないと、それほど偉大な神として考えていたことを、ここに知るのである。

大国主神には前にふれたように幾多の別称がある。オオナムチ《(大己貴神)》ノ神といったときの「ナ」とは土地という意。だから地震を古くはナイとよんでいたが、その「ナ」とは大地のことをさす。またウツシクニタマ《(頭国魂)》ノ神という名をもつが、これはつまり国土霊そのものである。こう考えてくればイザナギ・イザナミの二柱の神の国土生成と、大国主神の国作りとはともに、このようにきわめて類似し、相対応する性格をもつ話だということを知るのである。

出雲神話と高天原神話

こういう点にかんして、わが国で始めての神話学者ともよぶべき高木敏雄は、つぎのように推定している。つまり出雲神話には高天原神話をさしおいて、出雲に国土を作った神がまず現われて、出雲の人々がこれを天の下造らしし大神とよんで深い敬意をはらっていた。それは要するに、出雲神話は『古事記』や『日本書紀』という、大和朝廷の立場で編纂した神話体系の一部分に組みこまれてはいるが、本来は、それ自身でまったく独立した、体系神話であり、ただそれが高天原神話の一部に編入された結果、天地開闢の記事や、国土造成の記事を喪失させられたのであろうと推定された。

この推論はわれわれ出雲人《ひと》という立場の者にとっては、いかにも妥当であって、八束水臣津野命の国引きが、大和朝廷側の神話ではまったく採り上げられることなく、また高天原におけるスサノオノミコトが、純然たる英雄神であるのにひきかえ、神話の舞台を出雲に移せば、英雄神であるよりもむしろ造化神として描写されているのであり、あるいは出雲国造家の祖天穂日命《あめのほひのみこと》について、『古事記』や『日本書紀』の神話では天穂日命は大国主神に国譲りの交渉の使者とたちながら、大神にこびて三年になっても報告を怠ったと悪しざまにいっているのにたいし、『出雲国造神賀詞』では大神への使者の役目を立派にはたしたことを誇らかに主張しているのであって、このように扱い方のいちじるしい差違の存在など、高木説を肯定する事実が多く指摘できるのである。

スサノオノミコトが稲田姫をむかえられたという話は、前にもふれたが、このミコトがまた別にオオヤマツミ（大山祇）ノ神の女、名はオオイチヒメ（大市姫）ノ神と結婚して、年穀《とし》の神であるオオトシ（大年）ノ神とウカノミ（宇迦之御）

タマ《魂)》を生んだという。ウカノミタマとはその名からして穀物霊であり、高天原神話でのトヨウケヒ《(豊受姫)》メと同じ性質の神霊である。またスサノオノミコトは多くの樹種をもって高天原から地上に降り、筑紫から始めて、この日本国中に播き植え、この国土をことごとく美しい森山になしたという。どれも出雲の神の国土創造神としての性格を、十分に物語る神話である。

出雲神話の即事性

『古事記』は天地初発の時から筆を起し、『日本書紀』は天地まだ混沌《こんとん》たる状態からの開闢を説く。これにたいして出雲の開闢神話は、こうした抽象的哲学的な説き方をせず、眼前の島根半島の国引きをまず物語るのであり、大国主神の国作りをいうのである。つまり出雲は、具体的実際的な眼前の実生活の起原を問うという形で、神話を構想しようとしているのである。だからスサノオノミコトが本来造化神としての性質を備えていたとしても、この神は大国主神にたいし、その国作りをさまたげる悪神邪霊を「坂の御尾ごとに追い伏せ、河の瀬ごとに追い撥《はら》いて国作り始めよ」と、具体的実際的な国作りを呼びかけるのである。そこには哲学的理念的な論議はかわされることがない。八岐の大蛇退治といっても、それはどこまでも国土の造成ということと関連する神話であった。

このように天地の開闢という理論的理性的反省は、出雲では切実な問題として意識されるということはなかったのである。直接の問題は、どこまでもこの国土の問題であり、この国土の上に生活するわれわれの、その生活の基盤である農耕地の、成立造成ということにおかれ、これが出雲の人人の問題として問うところの開闢であったのである。古代の人々が考えた「国《くに》」ということは、今われわれが政治概念でいうところの「国家」ではない。どこまでも眼前具体の農耕地ということである。

天照大神が弟神にあたるツキヨミノミコト《(月読尊)》に命じて、穀神たるウケモチノ神《(保食)》について食物を求めさせたところ、ウケモチノ神は「首《こうべ》を廻《めぐ》らして国に嚮《むか》いしかば、則ち口より飯出づ」、と『書紀』には見えている。この場合、飯と国とが緊密に結ばれていて、そのあとで海に向ったとき、大小の魚がまた口からでたという神話の、その語法からすれば、国とは飯を生産する場所であり、けっきょく、それは水田ということに帰するのである。

こうして大国主神というその御名は、水田の稔《みの》りを人々に約束し保障する、偉大な霊格ということになるであろう。こういう偉大なはたらきをされる神霊であるがために、大国主神は古典にあらわれるときはいつも大国主神と、どこまでも神としてあらわれるのであって、大国主ノミコトと記載され、ミコトとよばれることはないのである。太陽にもたとえられる天照大神が、いつも大神と記述され、「天照ラスノミコト」と『古事記』や『日本書紀』では、よばれることのないのと、これは相対応する古代の厳たる事実である。『日本書紀』欽明天皇の十六年の条（五五五）に見える、夫《か》の邦を建つる神を原《たず》ぬれば、天地剖《ひら》け判《わか》れし代、草木言語《ものがたり》せし時に天降り来まして国家を造り立てし神なり。

という記事の建邦神、国家造立の神とはなにかというので、古来学者の間に論議がかわされてきているが、卜部兼方の『釈日本紀』は大己貴神とし、谷川士清《ことすが》の『日本書紀通証』、飯田武郷の『日本書紀通釈』は素戔嗚《すさのお》神であるとする。こうして必ずしも諸家の説は一致しないが、権威ある『日本書紀』の注釈書が、こうしていずれも出雲の神にそれを求めようとしているということは、わが意を得たりとするしだいである。

六　二つの古代出雲勢力圏

出雲では、「風土記」に記されている古い神社は、いずれも斐伊《ひい》川や神門川の下流出雲平野のような広田の地域にはなく、中の海や宍道湖周辺の丘陵地、それに前記斐伊川や神門川の中流の、狭田のある地帯に立地している。これというのも、大川の下流地域ではいまの広田なす出雲平野は、ともすれば洪水があふれる葦原をなし、耕作することが容易でなかったので、したがってまた人も住みつきにくかったからであろう。

出雲は新墾

遠い遠い古代、大和ではまだ豪族がその権威を競い争い、皇室の御祖先がまだ頭角を十分にはあらわさなかった時期、この辺鄙な出雲でも、農民たちは洪水のあふれる葦原の平野で、八岐の大蛇の話があらわすように、水にたいし、来る年も来る年も、苦しい戦いをつづけてきていたことと思われる。

やがてこうして杵築の郷が神門郡の地と陸つづきになり、たとえば『日本書紀』の顕宗天皇紀に「出雲は新墾《にいはり》、新墾の十握《とつか》の稲《しね》の穂を、浅甕《あさらけ》に醸《か》める酒《おおみき》を、美《うまら》に飲喫《おやらうる》かね」（新しい開墾地で穫《と》れたたくさんの米をもとにしてあさい甕で醸もした酒である、さあ十分にお飲みください）と見えるように、新開拓地といえば、すぐ出雲のそれを人々は連想するほど、それほど出雲の耕地の発展はめざましいものがあったのである。

『出雲国風土記』にはつぎのような記事がある。

古志郷《こしのさと》（神門郡）、伊弉那弥《いざなみ》の命《みこと》の時、日淵川をもて池を築造《つく》り給ひき、その時古志（越前、越後などの北陸地方）の国人等《たち》、到来《きた》りて堤を為《つく》りてやがて宿《やど》居りし処なり、故《かれ》、古志《こし》といふ、

これはいまの出雲市古志町あたりの記事である。この記事に見える池については、今日ではこれをそれと確めることはできなくなっているが、イザナミノミコトのときというのは、漠然と太古ということなのである。いまもたとえば茨城県の久慈地方では、昔からということをいうのに、大同の頃からというのである。この大同というのは、平城天皇や嵯峨天皇の九世紀初頭の治世をさしていうのではなくして、漠然と遠い昔ということなのである。

こうしていまの北陸地方の人が耕地を切りひらき、ここに住みつくようになったというのが『風土記』の記事である。『風土記』には、意宇郡母里《もり》、島根郡美保の郷の条にもそれぞれ北陸地方と

の交渉の話が見えていて、さきにあげた国引きも、能登半島から国を引き寄せたという話のあることともあわせて、出雲と北陸地方とのつながりは、昔から深いものがあったということを、十分に知ることができる。

出雲ではこのイザナミノミコトを祭る神社が、大庭《おおば》の大宮といわれる神魂《かもす》神社、伯太町の比婆山神社、佐陀附近の加茂志社のように、東部に多いということがまず注目される。『古事記』にはイザナミノミコトを出雲の国と伯耆の国との堺の比婆の山に葬ったとあり、またイザナミノミコトが黄泉国《よみのくに》に神去られたとき、男神イザナギノミコトはその後を追って行き、けっきょくは死の世界の入口にあたる黄泉《よもつ》比良《ひら》坂《さか》で絶縁《ことど》を告げられたというのであるが、その黄泉比良坂とは、いまの出雲の国の伊賦夜《いふや》坂《さか》であるという。八束郡東出雲町揖夜《いや》神社のあたりをさしていっているのである。『日本書紀』の斉明天皇五年（六五九）の条には、「狗、死人の手臂《ただむき》を言屋社《いうやのやしろ》に嚙み置け

揖夜神社

り」という異変をとくに記して、「天子崩《かむあが》ります兆《きざし》なり」とこれを説明している。揖夜神社は祭神として大穴持、少彦名、事代主という出雲の神々の他にイザナミノミコトをも祀っている。

須佐神社

スサノオノミコトの勢力圏

このように出雲の東部は、イザナミノミコトと関係ある土地やミコトを祀る神社が多く、いわばイザナミノミコトの勢力圏を形成しているのにたいし、斐伊川・神門川流域の山地はスサノオノミコトの勢力圏であり、出雲郡、神門郡の水田地域は大穴持神の勢力圏をなしているのは、古代出雲の顕著な特色だといわなければならない。

たとえば、スサノオノミコトの聖婚の地が須賀《すが》（大原郡）であり、その第一の御子神を清之湯山《すがのゆやま》主三名狭漏彦八嶋篠《ぬしみなさろひこやしましぬ》というのは、この須賀の温泉《ゆ》山の主宰神ということであり、今の海潮《うしお》温泉をさしていっているのでなければならない。ミコトの本縁の地とおもわれる須佐（飯石郡）の須佐神社の社殿の前には潮井があり、塩分を含んだ冷泉が湧出している。海潮《うしお》温泉のそれと同じく古代には、こういう潮井は、人々にその若々しい生命力を保たしめる常若水（若返りの水）として、神聖視されていたのであろう。

意宇の平野

このようにイザナミノミコトにむすびつけて考えていた太古の出雲で、原始的な農村生活から向上して、宗教に新しい発展をあたえ、文化を生み出すようなことが可能になったとすれば、その第一に考えられるのは中海の沿岸地帯である。ここは伯太川、飯梨川や意宇川が形づくった肥沃な沖積低地で、川も斐伊川とは違って天井川ではない。こうして農業を発達させる条件は十分に備わっているだけではない。静かな中海は、漁業や航海の技術を人々の身につけさせてくれる。伯耆富士といわれる大山は、船を操る人に恰好の目標となっていたに違いない。

出雲国庁址

意宇川流域に数多く見られる古墳分布、茶臼山東南の六所神社一帯に推定される出雲国庁址などは、どれも古代出雲の文化の中心地がここであったということを裏づけるものである。

安来という土地の名の起りを記して『出雲国風土記』は、スサノオノミコトが天の壁《かき》立て、すな

国庁址の六所神社附近

国庁址の展望

わち境を作り廻らしましてこの地にこられ、「吾が御心は安く平になった」と申されたので、爾来この地を安来とよぶようになったのだという話を記載している。少彦名神《すくなひこなのかみ》も天の羅《かが》摩《み》の船に乗り、美保の崎をめぐってこの地に到着し、大国主神に迎えられたと『古事記』に見えている。この大国主神が越の八口《やくち》を平定せんとして拝志《はやし》の郷にこられ、その地の美林を見て、わが心があたかも祝福されているようだといって大いによろこばれたという。

　こうして中海沿岸地方が北陸や畿内方面との接触の関心をなしていたということは、すなわち出雲外の文化との接触の、重要な場所をなしていたということにほかならない。北陸の越人《こしひと》の来住したことを暗示する古志原が松江の南方に、また古志という字《あざ》名が松江の西北、一畑電鉄浜佐陀駅の北に隣接して存在するということは、こう考えてくると興味なしとしない。出雲市古志町については先にあげた「風土記」の文に徴して、意宇の古志人たちの第二次的な移住であったかもしれない。

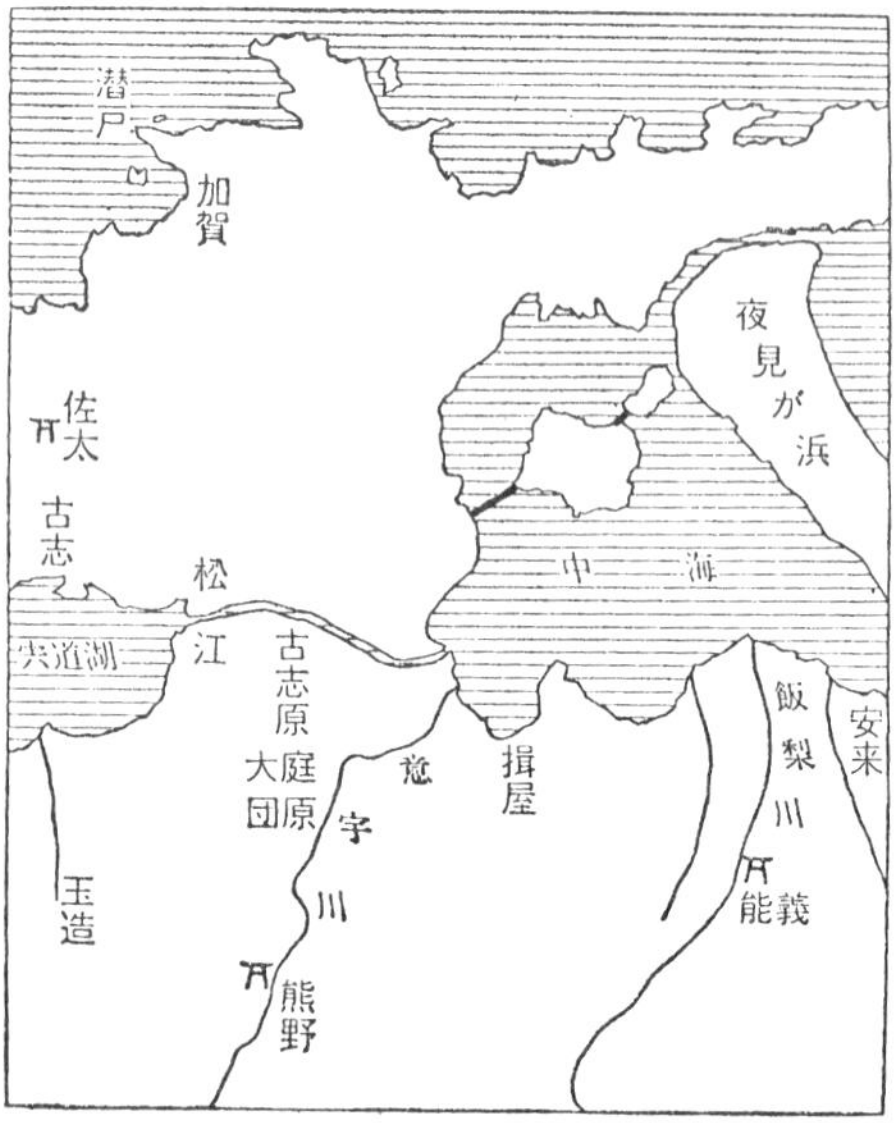

古代の出雲関係図

熊野大社

中海沿岸地帯の農業文化の発展を象徴する宗教、それは意宇川の上流に鎮座する熊野大社と、松江市の西北一〇キロ、佐田川をはさんで低い山との間に所在する、文字通り狭田や長田にかこまれた佐太神社である。

熊野大社はもと国幣大社、出雲では古くよりきわめて社格が高い。『風土記』には官に登録された神社百八十四座をあげたうち、大社とよばれているのは、

熊野大社

熊野大社と意宇川

この熊野と杵築の出雲大社との両大社だけであり、『延喜式』の神名帳所載の式内社百八十七座のうち、出雲で国幣にあずかる大社はまたこの両社だけなのである。熊野大社の祭神については「風土記」に「伊弉奈《いざな》枳乃麻奈子坐熊野加武呂乃命《ぎのまなこにますくまのかむろのみこと》」、後に述べる『出雲国造神賀詞《いずものくにのみやつこのかむよごと》』に「伊射奈伎《いさなぎ》の日真名子《ひまなこ》加夫呂伎《かぶろぎ》熊野大神櫛御気野命《くまぬのおおかみくしみけぬのみこと》」とあるにあわせ拠ることができる。

つまり神名からすれば、この日本の国土を生んだイザナギノミコトの聖なる御子神（真名子）たる櫛御気野命《くしみけぬのみこと》ということである。クシとは神奇という意味をあらわす美称、ミケヌとは御饌主であり、総じて偉大なる穀物霊という意味に他ならない。意宇川が農作の豊饒を保障するところから、その保障する神威を意宇川の川上の熊野山（天狗山）にみとめたのが、この熊野の神なのである。俗にいう水分《みくまり》神的性格を、これにもとめることもできよう。

熊野の天狗山（熊野山）

熊野大社では、上の社を現熊野大社より西南徒歩十分の意宇川上流、比婆山を控えたその南麓に求めて熊野三社権現とよび、下の社を現神社の位置にとり、これを伊勢宮とよんで天照大神を祭神としてきた。これは中世以降、当社の衰微による俗説訛伝にすぎないが、明治四年上の社を下の社に合祀して境内社とした。しかし、祭神クシミケヌノミコトをイザナギノミコトの聖なる御子神というところから、これをスサノオノミコトにあてて解してきたことは、賛成できない古典解釈であった。祭神はどこまでも熊野の大神であり、その御名をクシミケヌノミコトというとおり、穀物霊であったのである。

熊野大社上社

熊野大社上社の旧社地

第七十六代出雲国造俊秀の弟で、宣長にまなんだ千家俊信《としざね》がその『出雲国式社考』でふれているように、上の社の後の山の岩間より清水の湧出を見る。俗にこの清水を明見の水とよび、この水にて目を洗えば眼病たちまち快癒するというので、ありがたがられていたという。意宇の川上の聖地と、そこに坐して人々の幸せを見守る神にたいする信頼と期待、これを信仰

とよぶならば、その信仰の発展が熊野大社であるといってよいであろう

佐太神社

佐太神社の祭神佐太大神については、「風土記」島根の郡加賀の神埼の条に徴して、今日吾人がいう加賀の潜戸に生れましたことを、黄金の箭の話とともに伝えているということは、前に述べたとおりである。こうしてもともと佐太の神は海と深い関係をもつ神であったことをまず知ることができるが、この社について「風土記」は神名《かむな》火《び》山《やま》の項に、「いわゆる佐太の大神の社はすなわち彼の山の下《ふもと》なり」とあるのに注目される。出雲ではカムナビ山とよばれる山が多い。意宇郡の神名《かむな》樋《び》野は出雲の国庁から西北に美しい山容をもつ茶臼山で、今日も「風土記」に「東に松あり、三方は並に茅なり」とあるがまま、松と茅の昔にかわらない姿に人々は今も接することができるのはうれしい。同じく「風土記」楯縫の郡の神名樋山は標高三二七メートルの大船山、出雲郡の神名火山は出雲平野の南方にそびえる標高三六六メートルの仏経山、いまこの佐太の神名火山は標高三四一・六メートルの朝日山で、宍道湖ごしに旅客の眼にもそれと、くっきりと印象づけられる島根半島中軸部の首峯である。

茶臼山

ナビとはナバルという古語の動詞にもとづく言葉であり、ナバルとはかくれる、籠るの義である。したがって神ナビ山とは、神霊のこもります聖山ということになるであろう。とするならば、この佐太の神はいまの朝日山にこもり坐す神霊であり、山の神は春には山を下って田の神として、耕作

佐太神社

の豊饒を見守るという民俗学の知識をここにもたらすならば、その出生が海と深い関係をもった佐太の神が、どうして農耕神であり穀霊たるところの山の神でもありうるのか、考えてみなければならない問題である。

佐太神社は神名火山とよばれる朝日山から、峯ごしに美しくなだらかに裾をひいた山麓の叢林に、三つの社殿をもって静かに鎮まっている。文政八年刊（一八二五）の『佐陀大社略記』によるに、中御殿は伊弉諾尊、伊弉冊尊、左御殿は天照大神と月弓尊、右御殿は素戔嗚尊と秘説四座を祀神とする。ところが「風土記」には「佐太の御子の社」、『延喜式』神名帳には「佐陀の神の社」とだけ記されているのであって、前記千家俊信の『出雲国

狭田・佐太神社附近の景観

式社考』が、「式に幾座ともなければ決く《うずな》一神にして、他に幾座坐すとも皆合祭れる事」だとしているのにしたがうべきであろう。佐太神社の祀神はもともと佐太の神なのである。『佐陀神社略記』によると、神社の祀官は常に斎戒して敬虔な生活を送り、年間七十五度の祭りに奉祀するのであるが、その祭りとは終始もっぱら稲の神に対してのものである。

その年間の祭儀を見るに、陰暦十二月廿一・二・三の三日にわたって行われる田植の神事には、苗松という所から松の葉をとってきて、神前に供えてからこれを苗に見たて、神子田植の式をいとなむ。幣主は古風な祝田植の歌をうたえば、これにあわせて諸々の祝部たちが歌い、来る年の豊饒を期して穀霊の来臨を願うのである。正月元日の歳始祭のあと、十五日には管粥祭《くだがゆまつり》で五穀の豊凶・旱損《かんそん》・水損・風難等を予知するのであるが、このとき参詣の人々群集して種籾を拝戴するという。三月晦日から四月二日にかけての祭には、近くの八束郡鹿島町名分か佐陀宮内のどちらかに祭屋を造り、三日に六カ村の人々が行列を組んで、この祭屋から音曲を奏しつつ神社にいたり、神庭の中垣で獅子の舞や、あるいは祠職朝山家の家に伝える猿田彦・太玉命や児屋根命などの舞が、そして下垣にては流鏑馬《やぶさめ》が賑やかに奉仕される。八月十三日は新嘗祭、新穀や海山の産物を奉って人々は群集する。

高王原（三本松）
佐太神社神在祭の神送り場所である。

このように農耕に関する祭がつづくが、とりわけ注目すべきは十月の神在祭《かみありさい》である。この祭は十一日より十六日までを上の物忌《ものいみ》といい、二十日より二十五日までの間を下の物忌とよぶ。下の物忌の時は潔斎は厳重をきわめ、神主以下祭祀の関係者は社外にでることはならず、一般民家まで歌舞はもちろん、作事や臼つき・物縫いまでもかたくいましめ、静謐《せいひつ》を要する。そして二十五日になると、社中各列を正し神社のうしろの神目山《かんなめ》に登って、神等去出《からさで》の神事をつとめる。神目山とは神社の西なる神名火山のことであり、神等去出《からさで》とは神送りの祭りのことである。社からは二十五日の夜十時に神籬《ひもろぎ》につづいて御幣を捧げた行列が出発する。

この神籬は佐太の神そのものなのである。そして立ち木の生い茂った山の頂近く、恵曇《えとも》の海の眼前に広く展開するあたりの池に舟をうかべ神を乗せ、これを海に送りだす舟出の神事を執り行うのである。だがここに池といっても、直径一㍍ほどの窪地に水がわずかに溜っただけのものであり、神を送り出す舟といっても、木の枝を二つに割いて、仮りに舟とこれを見たてたものにすぎない。

この祭りを朝山宮司は、佐太の浦から佐太の神が海の彼方の常世《とこよ》の国に帰る祭りだといい、土居光知氏は穀物霊の葬儀だとこれを解する。穀物霊は十二月二十一日頃降臨して田植の神事が行われ秋の木枯の吹き初める頃に、その生命力が亡びてその葬儀を営むという、年間を通じての祭儀はこうして稲の生命の輪廻《りんね》に一致するものがある。

このように解すると、加賀の潜戸における佐太の大神の出生神話は、海の彼方常世の国すなわち神霊の国からの、新しくかつ若々しい生命力のみちみちた、穀物霊の誕生でなければならない。海の彼方から訪れてくる神霊により、人々の生活と幸せは保障され、瑞穂なす田のみのりは約束されるとするのである。

古代出雲の宗教　このように考えてくるときは、まずは出雲の東部地帯に発展した、イザナミノミコトの宗教とは別途の性質の、稲の神、穀物神の宗教が、中海沿岸から宍道湖方面にかけて新たに展開し始めてきたということを知るのである。いかに人々がこの神をよろこび、神威に帰服していたかということは、集落の男女唱和して一日をたのしむ歌垣のあった跡が、『風土記』に二ヵ所、いずれも中海の沿岸の地域に記されていることからも、推測できることである。

邑美《おおみ》の清水（島根の郡）、東西北は山にして並嵯峨《みなさが》し、南は海澶漫《まひろ》し、中央に鹵《かた》あり、灠《いずみ》磷々たり、男女老いたるも少きも、時《よりより》に叢《むらが》り集ひて常に燕会《うたげ》する地なり。

前原《さきはら》の埼（同郡）……肆松《まつ》蓊鬱《しげ》り浜鹵《なぎさ》の淵澄めり、男女時に随《よ》りて叢会《つど》ひ、或るは愉楽《たのし》みて帰り、或るは耽遊《えら》ぎて帰ることを忘れ、常に燕喜《うたげ》する地なり。

とあるのがそれである。

七　大国主神の聖婚

松江の大橋から嫁が島ごしに西方をながめた美しさは、なにものもこれにおよぶものはない。絵にしても写真にとっても、肉眼で感じる美しさを完全に表現することは、とうていできない。わけてその落日は繊細のうちに豪壮そのもので、ラフカディオ・ヘルンが日本を愛し、日本の土となろうと思い立ったことも、この大橋の上に立つときは、なるほどとわかるというものである。

出雲の穀倉地帯

この松江から宍道湖を眺めると、出雲市を中心とする出雲平野は遠く湖水の水平線と合し、湖水は日本海にまでひとつづきにつらなっているかのように見える。太古はこの平野は海であり、杵築の郷は島をなし、斐伊川の堆積する土砂が平野を形成したことは、あの国引き神話として人々の記憶になおもとどまっていたほど、新しい事実であったのである。天平年間には斐伊川は西向して神西湖すなわち神門《かんど》の水海《うみ》にそそいでいたという。当時の神西湖は今日の数十倍も広かったし、宍道湖も平田市の平田町以東は湖水であった。その前の段階では、出雲市の大津以東は湖水であったであろう。

出雲平野の人家は黄金なす稲穂の間に散村を形成している。どの家もその周囲、とりわけ西側に松の築地《ついじ》墻《かき》をめぐらす。冬の卓越する西風を防ぐのだというが、洪水にたいしては、財産の流出を防ごうとする生活の智恵でもある。「風土記」でこの出雲の平野地帯にあたる『風土記』の出雲郡、神門郡の地域は、大国主神に関係した神話伝承のもっとも豊富なところである。

この神がその名を帯びる「国」という言葉は、古くは穀物を生み出す耕地そのものであり、稲田を意味する言葉であることは、前に説いたとおりである。「風土記」ではこの神を「天の下造らし大神」とよぶ。天の下という観念は、国という観念にくらべて一段と広く、そして高次の観念であり、それだけに天の下という観念は、国という観念が成立した後に発達した、新しい観念だといってよい。だから古くはより原始的に、「国造らしし大神」とよばれたのであり、文字どおり大国主神であったのである。つまりこの出雲平野が形づくられてくるにつれて、さきにあげた『風土記』神門の郡古志の郷の記載のように、池堤や用水路も造られてくるようになり、大規模な共同作業は新しい団体生活を生み出し、かくて文化に新しい刺激と発展をうながしたと見るのである。その象徴、そういう新しい人間活動の息吹《いぶ》きが、杵築の郷なる出雲の大社となっているのである。

「風土記」の「八束水臣津野命国引き給ひし後、天の下造らしし大神の宮奉《つか》えまつらむとして、諸諸の皇神たち宮処《みやところ》に参り集《つど》いて杵築《きづ》き給ひき。故《か》れ寸付《きづき》という（神亀三年字を杵築と改む）」という記述は、多くの神々の参加協力をうたっている。上代の心意として、神というときはその神をいただき、その神のもとに結集する社会集団が、その背後にあるのである。こうして出雲の大社が、国すなわち耕地・稲田を妨げる邪霊をふせぎ、人々の安全と幸福を保障する霊威として、『風土記』にあるように、人々の総意で造建された神社であるということが、ここに知れるであろう。

大国主神の異称

たびたびいうように、大国主神にはいくつもの別のよび名がある。オオナムチ（大己貴）ノ神、アシハラノシコオ（葦原醜男）ノ神、ヤチホコ（八千矛）ノ神、ウツシクニタマ（顕国魂）ノ神、あるいはオオモノヌシ（大物主）ノ神等がそれであるが、このように名称の多いということは、つまりさまざまの神の性格が一神に結集し、思想的・観念的に統合された結果なのである。それだけにこの神の背後には、この神をいただき、あるいはこの神を支持する多数の地域集団社会があったということになるであろう。前記杵築の郷の記述が、よくこのことを示唆している。

大国主神には神婚の神話がきわめて多い。出雲の郡《こおり》宇賀の郷は、神がカミムスビノ神の御子アヤトヒメの求婚に赴かれたところだといい、神門の郡朝山の郷は、マタマツクタマノムラヒメノミコトに朝ごとに通ってこられた所だといい、八野の郷はスサノオノミコトの御子ヤノノワカヒメノミコトをむかえんとして屋《や》を造らせたので、ヤノという名が起ったのだといい、滑狭《なめさ》の郷は同じ神の御子ワカスセリヒメノミコトのもとに通ってこられたとき、社前の前の磐石がたいそう滑らかであるので「滑磐石《なめしわ》だな」と申されたので、この地をナメサとよぶようになったのだとしている。これらの神話は平野部のそれぞれの地域社会が、大国主神をいただく勢威に統合されてゆく過程を、神話的に表明している伝承なのである。

神婚伝承

出雲の神はみな、神婚伝承をゆたかにもっている。イザナギ・イザナミ二柱の男女の天御柱を廻りあっての唱和、スサノオノミコトと稲田姫との結婚、大国主神と越のヌナカハヒメとの唱和、スセリヒメノミコトとの神婚、あるいはアメノワカヒコとその妻下照姫《したてるひめ》との結婚というぐあいで、出雲神話の主要部はすべて神婚神話でみたされていることは、興味深い点である。

出雲の人々は五穀の豊饒を祈って祭礼をいとなんだ。植物を生成せしめる神秘なはたらきをもつのは水であるが、女神は多くこの水に関係をもつ神として描かれている。さきにあげたスサノオノミコトから大国主神にいたる神々の系譜でも、ミコトの孫神たるフハノモジクヌスヌノ神は、オカミノ神の女、名はヒカワヒメ(日河)を娶えてフカフチノミズヤレハナノ神(深淵水遣花)を生んだというが、ここに水・

河・淵と水に深い関係ある神名が、とくに顕著に指摘できるであろう。

また大国主神が八千矛神《やちほこのかみ》として結婚した沼河比売《ぬなかわひめ》の名は、まさに沼と河とから構成されているのである。そしてまたこの沼河比売との聖婚については、『古事記』にはつぎに記すような、濃厚かつまた官能的な唱和歌を伝えている。

八千矛神の唱和歌

八千矛の　神の命は、八島国　妻《ま》求ぎかねて、遠遠し　高志《こし》の国に　賢《さか》し女《め》をありと聞かして、麗《くわ》し女をありと聞こして、さ婚《よば》ひに　あり立たし　婚ひに　あり通はせ、太刀が緒も　いまだ解かずて、襲《おすひ》をもいまだ解かね、嬢子《おとめ》の　寝《な》すや板戸を　押そぶらひ　吾が立たせれば、引こづらひ、吾が立たせれば、青山に　鵼《ぬえ》は鳴きぬ。さ野つ鳥　雉子《きぎし》は響《とよ》む。庭つ鳥　鶏《かけ》は鳴く。うれたくも　鳴くなる鳥か。この鳥もうち止《や》めこせぬ。いしたふや　天馳使《あまはせつかい》　事の　語りごとも　こをば。

この歌の大意はつぎのように要約することができよう。八千矛の神さまは方々の国で妻をもとめかね、遠い高志《こし》の国にすぐれた美しい乙女があるとお聞きになったものだから、結婚しようとしておでかけになって、太刀の紐もまだとかず、旅装いの上着をもぬがないで、その乙女の寝ている板戸をおしゆすぶったり、引いたりして私が立っていると、青くしげった山で、夜鳴くとらつぐみが鳴いた。野の雉子は鳴き騒ぐし、にわとりも鳴くというわけで、腹立だたしくも鳴く鳥どもであるな。この鳥も鳴くのをやめてしまえ。という次第で下々におります昔からの召使いの語りごとは、こう

出雲大社楼門での舞

いうわけであります、というのであるが、そこでこの沼河比売は、戸を開かないで次のように和して歌ったという。

八千矛の　神の命。ぬえくさの　女《め》にしあれば、吾が心　浦渚《うらす》の鳥ぞ。今こそは吾《わ》鳥にあらめ。後は　汝《な》鳥にあらむを、命《みこと》は　な死《し》せたまひそ。いしたふや　天馳使、事の　語りごとも　こをば。

また

青山に　日が隠らば、ぬばたまの　夜は出でなむ。朝日の　咲《え》み栄え来て、栲綱《たくづな》の　白き　腕《ただむき》　沫《あわ》雪の　わかやる胸を　そ叩き　叩きまながり　真玉手　玉手差し纏《ま》き　股《もも》長に　寝《い》は宿《な》さむを。あやに恋ひきこし。八千矛の　神の命。事の　語りごとも　こをば。

とこのようにその歌を記しつけたあとで、「故《か》れ、その夜は合わさずて、明日《くるつひ》の夜御合《みあい》したまひき」

と『古事記』はいっているのである。この沼河比売の唱和歌も現代語で申せば、おおよそつぎのようなことになるであろう。

八千矛の神さまよ、なよやかな草のような女でありますから、私の心は水鳥のようなものであります。いまこそは自分自身の鳥ではありますけれども、後にはあなたさまの鳥でございましょうものを、お命は大切になさいませ。下々におります昔からの召使い、事の語りごとはこういうことであります。

茂った青山に日が隠れましたら、漆黒の闇夜ともなりましょう。そのときはあなたさまには、朝日のニッコリと笑うように笑ってきて、栲の綱のように真白い腕で、沫雪《あわ》のように若々しい胸を叩きかかえて、玉のような美しい手をさし交《か》わして、足をのばしてお休みなされましょうものを、そのようにお恋いあそばしますな。八千矛の神さまよ。事の語りごとはこのようであります、というのである。

このあと『古事記』はまた、正室スセリヒメと大国主神との間にかわされた、また同じように官能的な唱和歌をつたえているのである。こうして大国主神が八千矛神という名で登場してくるということは、ちょうど『山城国風土記』の賀茂伝説で、タマヨリヒメが瀬見の小川に川遊びしていたとき、川上から流れくだってきた丹塗の矢をもち帰り、床の辺にさし置いたところ、この矢に感応して賀茂別雷命《かものわきいかづち》を生んだという伝承を思わせるものがある。本来、矛と矢とは神を迎える聖具として、性格を同じくするものであり、神を迎えるがための聖具は同時にまた神でもあったのである。賀茂伝説のタマヨリヒメとは神霊《たま》の憑《よ》りつくを待つ水辺の乙女、いわば聖なる水の霊であり、こういう水霊に憑りつく神霊は、矢や矛に象徴されるのが一般である。そしてまたこの神婚を通して穀物のみのりは約束されるとしたのが古代の人々の心意であった。であるがために八千矛の神はその勢威の進展につれて、嫡后スセリヒメが歎かれるように、「打廻《み》る島の埼々、かき廻る磯の埼おちず、若草の嬬《つま》持たせらめ」といたるところに、若草の嬬《つま》をもつこととなってきたのであった。大国主神が艶福家であったという伝承の背後にある心意は、こういう古代宗教にあるのであるから、この点を見誤った現代的批判は、かえって事実から遠いといわなければならない。

古代の神事劇

土居光知氏はその名著『文学序説』でこの八千矛の神と沼河比売、スセリヒメとの唱和歌を、祭礼の夜に神をいただく人々によって上演される神事劇だ、とこれを解釈された。唱和歌に一貫して流れるいちじるしい官能的な感覚、さらには嫡后スセリヒメが、沼河比売のところから立ちもどってきたばかりの八千矛の神にたいし、あまりにも嫉妬の炎を燃やすので、ほとほと閉口して、それでは大和へ行くといって、片手は御馬の鞍にかけ、片足はその鐙《あぶみ》にふみ入れてまさに出でたとうとすると、それまでけしきばんでいた后もついに項《うなじ》を傾けて泣き出すというこまかい所作の描写、さらには夫婦の間がうちとけて、お互いに酒盃をとりかわして首に手をかけるという愛情の過度の表明、すべてここに見られる『古事記』の記載は、漆黒の闇夜のなか、篝火《かがりび》にうき出た神事劇の高調したどよめきを、眼前にする思いがするのである。

そして人々がこの神事劇を祭礼の夜上演するということは、神のはたらきを眼前如実にたしかめ、神にたいする期待と信頼とを一段とハッキリと確認し、自分の胸にいいきかせる所以ともなるのであった。そのことは前記沼河比売と結婚しようとして、八千矛の神がその家の板戸を叩くときの歌を見ても、わかるところである。

八千矛の神の歌はこのとき、その神事劇を演ずる人が、始め神を三人称で唱えるところから始まりながら、その歌の唱えが進むにつれて、いつしか一人称で唱えるようになるという事実、すなわち神事劇を演ずるその人が、いつの間にか八千矛の神そのものとなってしまっているということにわれわれは気づくのである。人々は神を眼前にし、神のはたらきを直視し、神が実際にそこにましますを信じて疑わないということなのである。

文学的に表現していうならば、人々が神々の姿を見ず、神々の声を聞くことができなくなってから久しい。人はあるいはこのことから、神はもはや権威をうしなってしまったのだとおもうかもしれない。だが神意は隠微《ほのか》にあらわれるものであるから、こういう騒々しい世の中では、人々はもう神の声を聞きわけることができなくなってしまっているのかもしれない。あるいはまた、神を見わけられなくなっているのかもしれない。けれども同時に、われわれの心の奥底にはなんとかして神の恩頼をいただくことを期待し、これを待つ気持が、春を待ちわびて冬籠る草花の種にも似て、ひっそりではあるが、脈々と息づいていることを見うしなってはならない。出雲にはこういう息づかいが、昔も今もかわることなく、ひとすじに脈動しているのである。

このことを私は、私の家の精神から考えたいのである。そして私の家の精神をあらわした文献として、まず第一にあげられるのが後にのべる『出雲国造神賀詞《いずものくにのみやつこのかむよごと》』である。

八　出雲大社のまつり

神有月

陰暦の十月のことを神無月とよくいう。これは全国の神々がみな、出雲の国にあつまり、他の土地では神様が留守になってしまうので一般に神無月《かんなつき》というのであるが、出雲では反対に神有《かみあり》（在）月《つき》とよぶ。

この「神有月」という言葉は、室町時代の辞書『下学集《かがくしゅう》』にも見えているので、かなり古くから使われた言葉であり、このように出雲には神が集まるのだと、昔から信じられていたということがわかる。出雲大社の古い手箱の散らし紋にも、六角形の亀甲紋の中に「有」の文字を（次頁写真参照）描いている。

神在祭

大国主神の国譲りのとき、『日本書紀』にあるように、大国主神は天の神に向って、「吾が治《しら》す顕露《あらわに》の事は皇孫まさに治めたまうべし、吾はまさに退きて幽《かく》れたる事を治

大社手箱の「有」の神紋

めん」と申し、以来神事《かみのこと》すなわち幽事《かくりごと》をつかさどることとなったという伝えがある。この伝承と結びついて、全国の神々は出雲大社に集合し、これから一年間の幽事を相談するのだという信仰を生みだし、幽事というところから、男女の縁結びはもちろん、人世上の諸般のできごとまで、すべてこのときの神議《かむはか》りによってきめられるのだと信じられているのである。

出雲大社の神在《かみあり》祭は、こうして大社ならびに摂社上宮《かみのみや》で執り行われるのである。本社の西方五丁にある上宮が会議所で、大社境内東西の十九社が宿舎である。そこで陰暦十月十一日から十七日までの七日間、境内の東西十九社は大社に参集された神々の旅社《たびしゃ》として、ここでもおもてなしのための祭りが行われる。十九社について与謝野鉄幹・晶子夫妻はつぎのように詠んでいる。

八百万大国主のおんもとへ　来まさむ神の草枕殿

神よろづ来て旅寝せむ仮殿の　しろく並ぶも世に似ざるかな

そこでこの期間に参集された諸国の神々との神議りに、妨げがあってはならないというので、土地の人々は皆謹慎斎戒し、歌舞音曲も停められ、庭も掃かず物音をたてず、ひっそりと過ごすこと

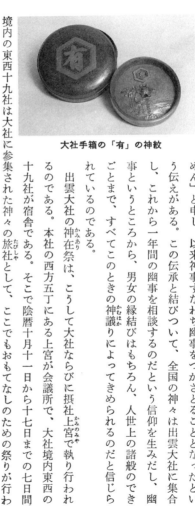

になっているので、とくに「御忌祭《おいみ》」と土地ではよんでいる。

御忌祭

この厳粛な御忌祭につき、思いあわされるのは前記の古伝新嘗祭である。この注目すべき「古伝新嘗祭」については出雲国造の章でくわしく述べるが、この新嘗祭はもと陰暦の十一月中の卯の日に執り行われる祭であった。もともとこの神在祭は、この新嘗祭にそなえて、社人はもちろん、土地の人々の斎戒・物忌《ものいみ》にはいる、その始めの祭りであったのではあるまいか。すなわち神在祭から約一カ月の長期の物忌に服した後に、この新嘗祭を迎えることになるというのが、この祭りの原始の姿であったのではあるまいか、と私は思っている。

それほどこの新嘗祭という祭りのもつ意義は、重くかつ高いものがあったのである。

こうして一つの社の氏子だけではなく、広く一つの地域がある時節に、長期にわたり物忌に服する例は、国内にそこここあげることができる。たとえば兵庫県加古

西の十九社（大社境内末社）

川市の日岡神社は一月の亥の日の亥の刻から巳の日の巳の刻までの七日間、氏子は勿論近在の者まで、洗濯もせず髪も結ばず、刃物は使わず外出もせず、つつしみの日をおくるので土地では「亥巳ごもり」とよぶが、「亥巳ごもり」とはもちろん「忌籠り」の意でなければならない。また千葉県館山市の安房神社では、旧暦十一月下旬から十日ないしは七日間、髪を結ばず針を執らず、高話することも用心して日を送っている。土地ではこれをミカリまたはミカワリといっているが、これはつまり、つねの生活の身をあらため、神迎えをすることのできる清い身に変るという、「身変り」の意味の言葉であるに違いない。関東では十二月八日を事始め、一月八日を事納めというのも、その間は正月元旦をはさんでのことである。元旦に祖霊を迎えるがためのつつしみの生活の始めが、この事始めということにほかならないのである。出雲の御忌祭というのは、本来こういう意味をもつ祭であったと思われる。

竜蛇さま

この神在祭の祭事の期間中は、毎年風ははげしく波も高い日が多いが、このときに海蛇が波に乗って稲佐の浜辺に浮び寄りくることが多い。世間ではこれを「竜蛇《りゅうじゃ》さま」とよび、八百万の神たちが大社に参集されるについて、竜蛇さまが大国主神すなわちダイコクさまの使者として大社まできたのだといって、その日、神人はあらかじめ潔斎して海辺にでて、その泳いでくる竜蛇さまを玉藻のうえに承ける。こうして迎えた竜蛇さまを曲げ物にのせてしめ縄を張

八百万の神々のお迎え（稲佐の浜）

り、大社の神殿に納めるのが例となっている。大社の神紋としている亀甲も、この海蛇の背の紋によるものであろう。

陰暦十月十日がその神迎祭である。竜蛇とよばれるこの海蛇は大小さまざま、三〇センチから二メートルにもおよぶ大きいものもある。背は固い鱗でおおわれ、口には鋭い歯がある。祭りの日ではなくとも、大社の稲佐の浜のものは大社へ、日の御碕の海岸にあがった竜蛇は、日御碕神社へ、北浦の海岸のものは佐太神社へと、かならず土地の人はそれぞれ奉納することになっているが、神社ではこれをお祀りし、豊作、豊漁あるいは火難よけ、家門繁栄のしるしとして、信徒の人々はその御神縁をうけて帰る。この竜蛇信仰は、いつごろから始まったのかは明瞭でないが、室町末期にすでにあったことは記録に明かである。

こうして神霊が海の彼方から訪れてくるという信仰は、日本の各地にあることであり、そのときその霊が、動物の姿をかりて現われることもまためずらしくない。鳥取県から東、新潟県あたりまでの海浜では十二月八日の「八日吹き」の日に、イルカや針千本というフグが寄せてくるのを神聖視し、拾いあげて火災よけのお守りにするという例もあるが、この竜蛇さまの場合は、その範囲が出雲だけにかぎられ、しかも御忌祭りという厳粛な祭りのときと同じように、海浜に寄ってくるというので、とりわけ人の神秘感をそそるものがあるというわけなのである。大社での竜蛇さまの信仰は、あたかも稲荷さまの狐、八幡さまの鳩、春日さまの鹿のように、神のお使いであり、神の象徴であるのである。

大社神座の向き

この竜蛇さまが大社の西、稲佐の浜の海浜に寄ってくるということは、大社神殿の神座が西方稲佐の浜の方向に向いているということと、おそらく無関係ではないであろう。それというのも、もともと大国主神は、海の彼方常世《とこよ》の国から憑りきたれる霊威であったのではないだろうか。

このことを示唆するのが、神話伝承に登場する少彦名神である。少彦名神は天之《あめの》蘿摩船《かがみのふね》に乗り、うち剝ぎに剝いだ蛾の皮（または鷦鷯《ささき》の羽であったともいう）を衣とし、天つ神タカミムスビノミコトの手のまたから漏れ落ちたり、掌の上にのせてもてあそんだ大国主神の頬にとびついて咬んだり、粟の穂にはじきとばされて常世の国へ渡っていったというような、小人として表出されているけれども、この神の出現の場所は出雲の地であり、出現しては国土経営や文化促進事業を、大国主神と共同して営まれているのであり、ときには三輪の大物主神とも同一にも考え、いわば大国主神の霊魂としてのはたらきを、示していることに注目される。しかもその出現の場所については、『日本書紀』には「この時に海を光《てら》して依り来る神有り、その神の言《の》りたまはく、我が前を能く治めてば吾能く共与に相作り成してん」とあり、その一書には「出雲国五十《い》狭狭《ささ》之小汀《おはま》」がその出現の場所となっているのである。五十狭狭の小汀とは、申すまでもなく稲佐の浜のことである。またこの少彦名神は粟茎《あわがら》に弾《はじ》かれて常世の郷《くに》にわたっていったという。常世の国という観念は、時代により変化流動を免れないけれども、古い観念では霊魂の行くところであり、鎮まりますところなのである、大国主神の御神座が、のちに社殿の条でふたたび説くように西方に向いているということは、この霊魂の故郷としての常世《とこよ》の国に相対せられているのだといってよいのではあるまいか。こういう思想的・観念的背景があるので、たまたま御忌祭のときに寄ってくる霊蛇を、霊異なものとして、神聖視するようになってきたのであろうと考えている。

寄木の造営

海から憑《よ》りくる霊異として出雲大社につたえる神異に「寄木《よりき》の造営」ということがある。それは平田篤胤が、その著『玉襷《たまたすき》』に紹介してから、とくに世の学者の注目するところとなった話で、天仁三年（一一一〇）の七月四日という日に、大社の西の稲佐の浦に大木が百本あまり流れついたというのである。

一方、因幡上の宮のあたりの浦に、長さ十五丈、口径一丈五尺という目を見はるばかりの大木が一本漂着してきた。土地の人がこれをいぶかしく思いながらも、この木を伐りとろうとすると、これは不思議、大蛇がこの木にからみついているのでどうにもならない。だれもおそれて近寄ろうとはしない。ところがこの大木を伐りとろうとした者どもは、たちまち熱病にかかり苦しむので、いろいろ祈禱をこらしてみたところ、その御託宣にこう出たというのである。それは出雲の大社の造りかえのたびごとに、諸国の神さまがその当番の行事として奉仕してきているので、このたびの造営は自分の番となった。そこで大社造営の材木は採りおわり、もう大社に届けたのであって、いまこの浦に送ってきた一本は自分のもち分である。この大木をもって、いそいで自分の社を造立せよ、とこういうのであった。

こういう御神託があったので大社では早速、この稲佐の浦に漂着したたくさんの大木で正殿を造立した。これが大社の歴史に伝わる永久三年（一一一五）十月二十六日の御遷宮であり、人よんでこれを「寄木《よりき》の造営」というのである。このことは実際あったことであって、康治二年（一一四三）三月十九日に左弁官から大社へ下された宣旨にも、その旨はっきりと記載されているところである。

この大国主神と高天原からの使者フツヌシノ神、タケミカツチノ神との、国譲りの話し合いの行われたのも稲佐の浜であったというし、文徳天皇の斉衡《さいこう》三年（八五六）十二月、常陸国鹿島郡大洗磯前に嵐の夜流れ寄ったふたつの神異の石が、大己貴《おおなむち》、少彦名《すくなひこな》の神であって、時に神がかりして、その昔この国を造ってから東の海に去ったのであるが、いままた民をすくおうとして、こうして帰ってきたのだと告げたということは、国の歴史の上にも明記されている名高い神異であった。

こうして出雲の神は、むかしから海と深い関係をもっておられる神だ、ということがわかるというものである。大社で、祭神の御神座が、西方稲佐の浜に向いているというわけも、こういうところにもとめられるのではあるまいかとおもうのである。

神在祭の話から思わずも多岐に亘って話題が発展した。大社の神在祭が終ると引き続き佐太神社で神在祭があり、最後には斐川町併川神立《あいかわかんだち》の万九千社《まんくせんのやしろ》から、神々は、それぞれの国にたち戻られるというので、大社では十七日と二十六日の両日、神人は「おたち」「おたち」と声高にとなえて、神々のために神等去出《からさで》祭をおこなう。十七日は大社をお発ちになる日であり、二十六日は出雲の国を去りたまう日であるとしている。しからば諸国の神々は出雲に集合されるという考え方は、どうして起るようになってきたのであろうか。

神々が集るということ

稲作は一種の賭けだという。天候や害虫、その他すべて、人間の力量にあまる諸要因に作用されるという要素が、あまりにも多いからである。稲作のはじめは、それだけに人々は心の緊張を覚え、不安におびえるのであり、秋の収穫のよろこびは、そのためにまた格別なものがあるといってよい。春秋両度の祭は祈願と奉謝の意をそれぞれ表わすものであり、その前と後の定まったある日に、山の神は田に下り、また田の神が山へ帰る日として祭る風習は、全国を通じて農村社会を彩どる顕著なサイクルである。春二月と秋十一月という組合わせが、その祭りの常態ではあるが、十一月といえばもはや凍てつく霜夜であるから、これを九月に繰り上げたというのが、近い世に多い例である。

神饌を下げる神官

楼門の向うに，出雲大社御本殿から神饌を下げて階段をおりてくる祀職が見える。

こういう日本の常民の、年間を通しての生活時間では、秋といえば神送りということがすぐにも結びつく。こういう生活体験が生活の基礎としてあり、背景として存するところに、この送られた神々の行きつく所として、神威高き出雲大社が人々にまずは想われたというのも、またきわめて自然のことであったであろう。

また出雲は政治文化の中心たる大和からは、西北方すなわち戌亥《いぬい》の方角にあたる。

戌亥の方角

戌亥の方角とは、倉は屋敷の戌亥の隅に建てるのが方位にかなってよいとされ、この戌亥の方角から福や徳、幸いをもたらす祖霊が訪れてくるとする思想が、古くからわれわれの間にあったということも、この際この問題を解く一つの有力な鍵である。戌亥の方角の意味するところのものにつき、始めて学術的な光をあてられた三谷栄一博士の研究にたいして、私は深い敬意をはらうものである。三谷博士もあげられたように、かつて山本信哉博士が採集した広島県山県郡大朝町新庄の「田植草紙」の歌詞は、歌詞の内容から鎌倉時代のものといわれているが、

時鳥は何もて来り
斗の升にとかきに俵もち来り
俵もち来ていぬゐ《(戌亥)》の隅《すま》々にをさめた
とれどへらぬはいぬゐの隅の俵よ
稲がよいけに俵をあめやせんとく

と戌亥の方角のことがみえ、『宇津保物語』の蔵開の上をみると、この物語の主人公藤原の仲忠が、昔の親から伝わり住んでいた三条京極の廃邸を改築し、母なる俊蔭の女にたてまつろうとおもい、検分に出かけたところ、まったく荒れはてた屋敷の西北の隅に、大きくいかめしい蔵があったと記

している。『催馬楽《さいばら》』の「此殿西《このとののにし》」は家讃めの歌詞であるが、「此の殿の西の、西の倉垣、春日すら、アハレ、春日すら、ハレ(一段)春日すら、行けど、行けども尽きず、西の倉垣や、西の倉垣」とあり、倉垣といってたくさんの倉が建ち並んだ瑞相《ずいそう》を、詠いこんでいる言葉である。

こうした福や徳、総じて幸いばかりではない、祖霊が屋敷神として祭られるのも戌亥の隅であり、土地の神たる地神も屋敷の戌亥の方角に祀るというのが原則で、地神をこの方角に祀ることができないときには、神職をわざわざ招いてお祓いをすませた後、別の方角に祀るという事例もまた少からず存するのである。出雲国はその昔の都の地からすれば、こうした西北戌亥の方角にあたる土地であったのである。

このように、日本人の本来もっている方位観の上から考えてきても、出雲は祖霊の来臨してくる方角であり、人々の生活の幸福と繁栄を、保障し約束する霊魂の鎮まり、訪れてくる方角だということになるのである。秋に人里を離れて山に帰る田の神は、もともと人々に幸福と繁栄を約束する神であったのである。そしてこういう幸福と繁栄の神は、都から西北の方向、出雲にいますのだと考えるのである。出雲には神々が集るのだという信仰の素地や背景には、こうした日本民族の素朴な、儒仏渡来以前からもちつたえてきているところの、生活感情にピタリと密着した信仰がひそむのである。この本源的基盤的な信仰を土台にして始めて、今日人々が出雲に寄せている信仰を、俗信仰でもなければ迷信でもなく、民族に本質的なものに他ならないのだということを、理解し納得することができるであろう。

『貞観儀式』や『延喜式』を見ても、天子の即位のときの大嘗祭には、古詞《ふるごと》を奏する語部《かたりべ》が、丹波、但馬、因幡、出雲と、淡路についてはひとまず別として、主として都の西北に位置する国々から徴されるのが例であったということの理由も、こういう民族本来の基盤的信仰の上に、求めて始めて納得のいくことではないだろうか。

大社境外摂社の湊社

身逃神事（神幸祭）

前にも述べたように、出雲大社で現今行なわれている祭祀は年間七十二度、その中には比較的新しく行なわれるようになったものもあれば、また古来行なわれて今は廃絶したものもある。その七十二度の祭りのうち秋の神在祭、それに引きつづく古伝新嘗祭とともに由緒の古く、学者の間にも注目されていながら、しかも明確な説明を欠くものとして「身逃《みにげ》の神事」（またはみみげの神事）とこれに引きつづく「爪剝祭《つまむぎ》」とがある。明治以前は陰暦七月四日深更に身逃げの神事、翌五日に爪剝祭となっていたが、現今は八月十四日に前者、後者は八月十五日となっている。

特異な神事であるからその次第を記そう。まず八月十日朝から祢宜は斎館に籠り、大社相伝の火鑽杵・火鑽臼で鑽り出した聖火で調理した斎食を喫し、神事が終了するまで他火は厳しく禁ずる。十一日の夕刻、祢宜は稲佐の浜に出て海水にて身を潔め、斎館に入って潔斎する。十三日夜は「道《みち》見《み》」といって祢宜は斎館を出て、先頭に高張提灯二張、つぎに祢宜自用の騎馬提灯持一人、つぎに祢宜、その後に献饌物を捧持する出仕一名が従う。この行列でまず大鳥居を出、ここから祢宜は人力車に乗り町通りを過ぎて町から離れた湊社《みなとのやしろ》を詣で、白幣《はくへい》、洗米《せんまい》を供えて黙禱拝礼する。この社の祭神は櫛八玉神《くしやたまのかみ》で大社社家上官《じょうがん》の別火《べっか》氏の祖先神であり、この身逃げ神事を奉仕するのが本来別火氏であったのであるから、この神事はもともと別火氏の祭りであったと思われる。湊社の次には赤《あか》人《ひと》社を詣でるが、この祭神も別火氏の祖である。つぎに稲佐の浜の塩掻島《しおかきしま》で四方を拝し、前二社と同じ祭事を行い、終って斎館に帰着する。以上は

身逃神事（神幸祭）

神幸祭当夜の神幸供奉図

つぎの夜、執り行われる神事の道筋の下検分である。

十四日の神事の当夜は境内の諸門はどれも開け放たれる。午前一時祢宜は狩衣を着け、右手に青竹の杖をもち左手には真菰《まこも》で造った苞《しぼ》および火縄筒をもち、素足に足半草履《あしなか》というい でたちで、大社本殿の大前に参進して祝詞を奏し、終って神幸の儀となる。この神幸は祢宜の遊幸ではなくして、祭神大国主神の神幸というのがこの神事の本義であるから、このときの祢宜は大国主神の供奉《くぶ》なのである。そこで前夜に「道見《みちみ》」が執り行われるのであり、この夜は祢宜は前夜の道見の通りに、そのとき詣でた二社に行き、塩掻島で塩を掻き、帰路出雲国造館にいたり、大広間内に大社御本殿に向って設けられた祭場を拝し、本殿大前に帰来して再拝拍手する。

これでこの神事は終了し、斎館に入るのである。なおこの夜、塩掻島で掻いた塩は、翌日十五日の爪剝祭に供えることとなる。

この祭事中、出雲国造は神幸に先立ち国造館を出て、一族の家に宿するのであるが、のちには中官西村神太夫家に行き、今日では儀式のすみしだいその夜のうちに帰館する。西村家ではいまも、国造が国造館を出て西村家にいたる絵図や当夜の用具を伝えている。

こういうしだいなので、国造館では国造が西村家にいくと直ちに大広間を掃き清め、荒薦《あらこも》を敷き八足机をそなえ、大国主神を迎える用意をととのえる。またこの神幸の途中、もし人に逢うと汚れたりとしてふたたび大社にもどり、神幸の出直しをするのである。大社町内の人もこの夜はとりわけ早くから門戸をとざし、謹しんで外出をしないことにしている。今はこの身逃げ神事では、国造は西村家にて一時の仮宿をし、儀式のすみしだいにその夜のうちに帰館するが他家の仮宿が文字通り行われた明治五年のときは、中官坪内家に出たのであった。坪内家ではこのときの記録として、国造の着座の上、煎豆《いりまめ》、切餅《きりもち》、瓜の三品を土器に盛り配膳、冷酒盃三遍、右儀式すみ休息、それより取肴《とりさかな》三種にて濁酒出し、引きつづき夜食壱汁壱菜出す、これまた相すみ次第庁舎へ一同引取、神拝退散すとある。なお北島国造は、杉谷中官《ちゅうがん》の家に赴かれるのが慣例であったと聞いている。

この神事には、古くは国造の一族の家で一宿する、夜に他家で儀式をすませて直ちに帰還する、昼に他家で儀式をして帰る等の変遷がみられるが、もちろん一宿するのが本来の型であったと思われる。また身逃げとはいうが、陰陽道に由来する方違《かたたがえ》では解明しきれないものがある。おそらくは身逃げということの意味がわからなくなってから後の、窮した説明が方違ということであろう。

ここで思いあわされるのは、千葉県の南部、上総安房の二郡で旧十一月の下旬から、長いところでは十日または一週間、神職の家はもちろん、一般の家でも物固い家ではやっているところの、前にも少しばかりのべたところであるが物忌みをミカリ、あるいはミカワリとよんでいるという事実である。土地では神さまがこの間、山に入って猟をなさるのでお邪魔をしてはならないなどというが、それはおそらくはミカリという名前から考えだした後の説明であって、本来は「身変り」すなわち俗の身をあらためて、清い祭りの人になる準備期間の意であろう。そこで以前は食物の制限があったに違いないのだが、現在はその品目についていうことはなく、ただ「安房の一度食い」という諺《ことわざ》だけが伝わっている。これも九月のことだといい、その説もまちまちになっているが、おそらく毎回の煮炊きせず、前もって調理しておくことで、他の地方でも正月にはそれをしている。

摂津の西宮でも正月九日の忌籠《いみごも》りを一にミカリといった。阿波の西境の山村奥木頭《おくきとう》の北川部落でも、ミカリまたはミカワリといって、祭の頭屋の物忌みがある。祭り前の七日間は他村の者は入れず牛を使わず、機《はた》も織らず、汚れのない清めた火で炊いた食物を食べ、たびたび水垢離《みずごり》をするのみならず、祭前三日は精進部屋《しょうじんべや》に入って精進をするという。こういう事例に徴して私は、大社の身逃げ神事は、ミカリ、ミカワリ神事と同様、斎戒を示すものであろうとは、かつて拙著『大梁灰人一家言』（昭和三三・一二初版、出雲大社社務所刊）で述べたところである。

けだしこの身逃げとは、本来は斎戒を目的として自宅よりある所にノガレ去ル、あるいは避け行くというほどの意味ではあるまいか。そして中官家におもむくようになってからは、いつとはなしに斎戒のためという点は忘れられて、ただ何のためであるかわからないが、とにかく国造が、国造館を出てそこにいくことが、神事であるとしているように思われる。

他家に赴いての斎戒

こうして自分の家で斎戒をせず、他家に行ってするということは不思議である。ところがこのように他家にいって精進をする習慣は、明かに昔の諸記録に徴することができる。たとえば白河上皇九度の熊野御幸のうち、永久四年（一一一六）十月ならびに同五年十月、元永二年（一一一九）九月の御精進所は伊予守藤原長実の宿所、大治二年（一一二七）正月の精進屋としては、白河法皇および女院には中納言藤原顕隆、鳥羽上皇には藤原長実の宿所があてられている。また鳥羽上皇の熊野御幸は前後十八度におよぶが、康治二年（一一四三）二月の御精進屋として、鳥羽法皇には藤原顕頼、崇徳上皇には参議藤原清隆の邸があてられている、というようなわけである。

こうしてみると身逃げ神事を後世ではその文字により、ただ自分の家を逃げだすことだと簡単に解釈しているのは、まったくあたらない解釈で、実の意味は、他家にてなすところの斎戒ということにほかならないということが知れるであろう。それではなんのための斎戒であるのか。それに答えるのが、つぎの日にとり行われる爪剝祭でなければならない。

爪剝祭

爪剝祭は古くは爪剝の御供といわれていた。爪剝はツマムギとよばれる。八月十四日夜の神幸祭に塩掻島でかいた塩・根付稲穂・瓜・茄子・根芋・大角豆《ささげ》・御水の七種の神饌を供えるが、古来からの習わしとなっている。いずれも大社社家上官平岡家から出されたものである。爪剝の爪はツメ、剝は俗語でモグ、爪でモギとってお供えする意か、それとも爪とは端《つま》であって、端を折り取って供えるという意にもなるかもしれない。しかし、どうも落ちつきがわるい。おもうにこの爪剝祭はこれにあてられた漢字で考えず、その国ぶりの訓み方から考えるのが正しいのではあるまいか。いまはこの爪剝をツマムギとよむが、古くはツマムキ、ツマ向と書き、キは濁音ではなく常に清音であった。そしてこのツマとはタマ（魂）であり、ムキはマキでマクの活用したもので、求める、招く、迎える等の意をあらわし、要するにタマムキ神事とはとりもなおさず魂迎えの神事であり、魂の憑りくるのを待ち迎えるための神事である、と私は解釈している。

この爪剝神事は、もと霊魂の憑りくるという陰暦七月に執り行われ、神饌をみてもすべてがいわゆる精進物である。その昔の両部習合時代における神社行事に与えた仏教の影響をみることができるが、霊魂を迎えるというのは神道思想であり、仏教教義からは本来ない思想である。また、わが出雲大社で天神地祇を祭る神事に玄酒《ごすい》を捧げるが、この爪剝祭の時は他の時とは異って、瓢箪を切半して麻の柄を付けた柄杓のような容器を使用する例となっている。諺にも瓢箪から駒が出るといって瓢箪のように中が空洞になったものは、霊魂をやどす、祓禳避邪の呪力があると昔から考えられ、信じられているのである。その瓢箪をとくに用いるということも、かならずふかい意味があるにちがいない、と私は思っている。

こうして霊魂の憑りくるのを迎える祭りが、この爪剝祭の本義であって、このための厳重なる潔斎物忌みがすなわち身逃げ神事でなければならない。そして身逃げ神事に先行する神幸祭は、もともと上官社家別火氏が奉仕し、しかも別火氏の祖先神祠たる湊社や赤人社に詣でるように古来からなっているのであるから、別火氏の祭りが国造の祭りに附着添加するようになったもの、と私は考えている。

かつて滝川政次郎博士が爪剝祭を「妻覓ぎ《つまま》」と解し、祭神大国主神の神話伝承の上での艶福の事例と結びつけて説明したことがあったが、このツマムキのムキが常に清音で訓まれていたということと、神饌がすべて精進物で魚鳥などのいわゆるナマグサものを含まない事実、そしてまた幽世の霊魂が顕し世を訪れてくる七月の祭りだということなどを綜合して考えて、博士の説は思いつきとしてはいかにも面白いが、遺憾ながらそのまま受けとることは、躊躇せざるを得ないのである。

大社の御神体

出雲大社の御祭神は大国主神であることは、以上たびたびくり返し説いてきたところであるが、それではその御神体はなにかということは、また人々のとうぜん問うべき点である。そこでこの御神体はいかなるものであるかということについて私もよく参拝者からたずねられた経験がある。

そこで文献記録からこの問題を調べてみると、まず参議源経頼の日録『左経記』がある。藤原氏全盛時代の政治・文学・典礼を知るにかっこうの史料として、この方面の学者の珍重するところである。その長元四年(一〇三一)十月十七日の条に杵築大社の風無くして顛倒した異変の噂を記し(このことは無実であったが)た上に、この社中に七宝で作った宝殿があり、七宝の筥《はこ》を安置している。この筥が御正体であるといっている。この記事のあたらないことはもちろんであるが、七宝の宝殿云々というのは、それだけこの出雲大社のたたずまいが、なみなみならぬもののあることについて、人々の間に思わずも尾鰭がついてしまった様子をうかがうことができる。

中山太郎の『日本民俗学辞典』には『雲陽秘事記』の記事をひいて、つぎのようにいっている。

松江の城主松平直政が出雲大社に参詣したる時、我は当国の主となったから神体を見せていただきたいと両国造のとめるのも聞かず見たるに、それは大きな九穴の鮑で、それが忽ちに十尋ばかりの大蛇となったので直政は畏れて其のまま退出した。

というのである。また加茂百樹の『神祇解答宝典』には、大社の神体は鏡だとしている。

このように推測はまちまちであるが、いずれもただの想像説であって、御神体はだれでも拝すことのできるものではない、と私はこれまで答えてきた。ただ御遷宮の諸記録をみると、御神輿舁《かき》の人数はたびたび増加していることから、あるいは御神体に異動でもあったのではないかと疑ってもみているが、どうであろうか、よくはわからない。

大社の御神体には御衾《ふすま》をかけ申してあるというが、それは絹ではなく錦の類で、幅は尺余もあり、長さも丈余に及ぶと聞いている。後に社殿の条で説くように、御本殿の小内殿の奥深く鎮座になっていて、容易にうかがえるところではないけれども、この御衾ということから思いうかべられるのは、天孫が高天原から降臨のとき真床覆衾《まどこおおふすま》に覆い包まれて地上に降られたということである。神霊の尊貴は、これを覆い外界と遮断するものがなければ、まこと畏れ多いとしたのが人々の古くからの考え方であった。前にも触れたように瓢箪はその中の空洞に神霊をやどす聖器であった。この場合の瓢箪はつまり、一つの真床覆衾であるわけである。

たとえばまた日向の国椎葉の盆棚行事を見ても、盆の十三日に盆棚をつくり、タカンポにニゴリ花を挿したもの一対をゴザの上において、手前には野菜の初なりや豆腐などをそなえ、灯明をつける。これで精霊様《しょうろさま》がこられるのであるが、このニゴリ花の枝の上に真新しいタオルをかけて、「お精霊様の顔かくし」と土地の人はよんでいる。お精霊様は大層のはずかしがりやだから、こうして顔をかくしてあげるのだといっているが、この場合お精霊様のいわば神体である花の枝を包むタオルは、真床覆衾の現代版だ、といってよい。大社の御神体はまたこのようにして、千古の神秘を御衾が包んでいるのである。

注連縄《しめなわ》　大社参拝者の眼に異様にうつるものは、御本殿が大社造ということはまずおいて、大社のシメ縄の張りかたが、世の神社とは正反対であるという事実である。一般の神社では、社殿自体から見て左方、すなわち向って右を上位とし、注連縄《しめなわ》は綯始《ないはじめ》を左、つまり向って右にし、末の方すなわち綯終《ないおわり》を右、向って左にする。これは左右尊卑本末論に一致する方法であると、祭式の専門家たる金光慥爾氏（国学院大学教授）はその著『新撰祭式大成』で述べている。

こうした一般神社とはまったく正反対の方法が行われているのが出雲大社であって、注連縄は向って左、つまり一般の神社では綯終のあるところを綯始めとし、向って右すなわち他社では綯始のあるところに、末すなわち綯終を置くようにしているのである。

大社を参拝した人は誰もこれをいぶかるのであるが、このように他社とまったく異っているわが出雲大社のシメの掛け方を、一般に祭式専門家たちは不可解とし、ことさらに出雲は異をたてているという。しかし私は、大社ではこうした正反対のシメの掛け方をするには、それだけの理由があることだと思っている。ではその理由とするところとは何であるのか。

申すまでもなく出雲大社の御本殿は南面しており、その左右両側瑞垣内に東西に摂社が三社あり、次頁のように鎮座を見ている。御向社《みむかいのやしろ》の祭神スセリ姫命は祭神大国主神の嫡后神であられ、筑紫社《つくしのやしろ》のタギリ姫命はわが神話伝承では、天照大神とスサノオノ命との間に誓《うけい》をなさるときに生まれた

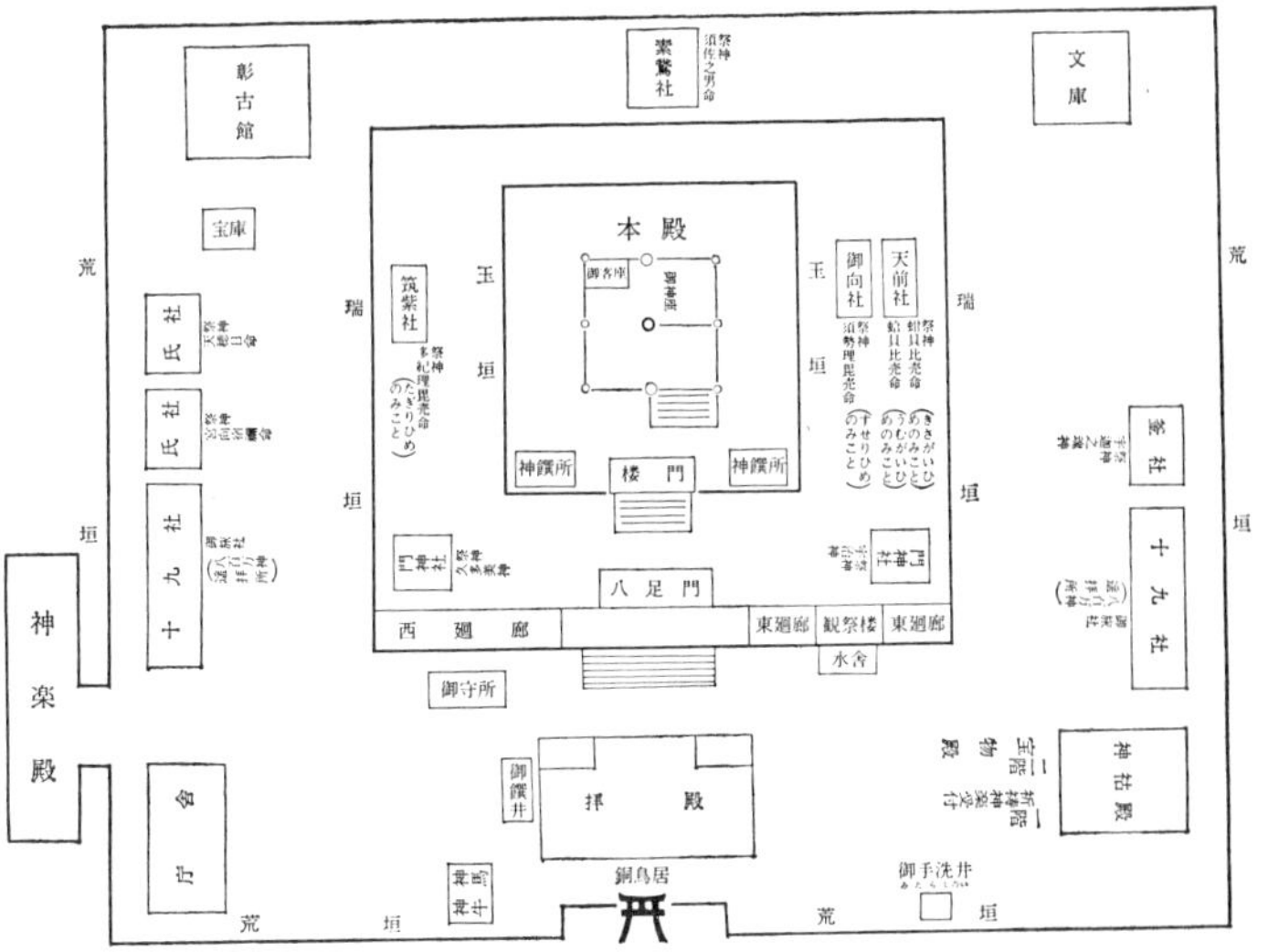

神であり、天前社《あまさきのやしろ》の祭神キサガイ姫命とウムギ姫命とは、大国主神が兄の八十神たちから受けた危難を救われた神である。

この三社は当世風に順序づければ御向社を第一とし、ついで筑紫社、天前社という順になるであろうが、大社の古記録たとえば宝治二年（一二四八）造営時の『杵築大社御正殿日記目録』を見ると、右の三摂社の順序は筑紫社、御向社、雨崎社（今日いう天前社）となっており、元禄の頃の大社上官佐草自清の『自清公随筆』にも筑紫社、御向社、天前社となっている。こうして御本殿の向って左、大社でいえば西方の筑紫社が、常に第一位に置かれているのである。社殿の基礎工事や建築を見ても、筑紫社のそれは他の二社のそれと異り、一段と丁重であることは、大社の職員も気づいて、かつて私に質問したこともある。

　また前記佐草自清は古くからの社家にしてその上大社の生んだ学者の一人であるが、その『自清公随筆』によるに、大社御本殿内に神饌を奉る順序を上掲のように示している。すなわち左右の上下は、向って左を上位としていることを知るのである。また

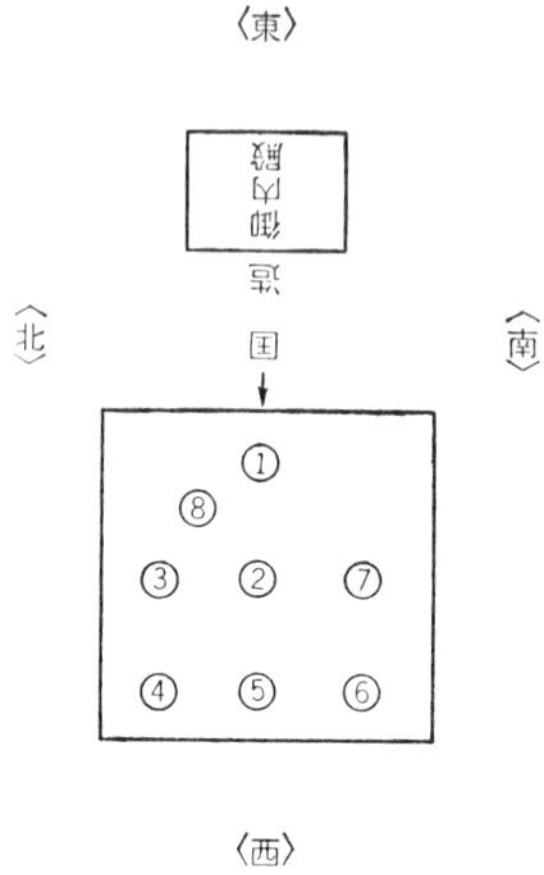

栗田寛博士の『神祇志料附考』には、これまた国造家出身の学者たる千家俊信（清主）の話にもとづき、作成したという大社内陣の図を掲載している。これによっても尊貴第一の神たる天御中主神をもって向って左に配していることを知るのであって、一般神社とは正反対に、向って左を向って右よりも上位としていることがわかるのである。このようなわけで大社のシメの掛け方も、社殿の上位すなわち向って右に注連の綯始を置くのとは反対に、向って左を上位とするがために、シメの綯始は向って左におくこととしているのである。

九　古式のこる御本殿

わが出雲大社は、昔は杵築《きづき》の大社ともよばれ、日本国中でもっとも古い大社であった。『延喜式』にのっている神社のなかで、大社と記されたのは当社だけである。

杵築の大社

神代の昔から島根半島の西端で弥山《みせん》のふもと大社町（旧称杵築町）に雄々しく鎮座ましましている。社殿の沿革は、遠く神代にある。すなわち天孫の降臨に際して、大国主大神がみずから開拓経営したこの国土を天孫に奉還し、しりぞいて幽冥《かくりよ》主宰の神とならせられたので、天照大神がその功績を賞して、とくにもろもろの神に命じ、大神が住む宮殿を造営させられた。

『出雲国風土記』にも、「八束水臣津野命国引き給ひし後、天の下造らしし大神の宮奉《つか》へまつらむとして、諸々の皇《すめ》神たち宮処《みやどころ》に参り集《つど》いて杵築《きづ》き給ひき、故寸付《きづき》という」とみえている。造営にあたっては後にのべるように柱は高く太く、板は広く厚く、千尋の栲縄《たくなわ》で結んで八十紐となしたとい

出雲大社本殿

われたもので、当初からきわめて広大豪壮なる建物であった。これが天《あめ》の日《ひ》隅《すみ》の宮とよばれた宮殿で、今日の出雲大社である。

　天照大神は第一の御子の天忍穂耳尊《あめのおしほみみのみこと》の御子瓊《に》瓊杵尊《にぎのみこと》を、大神が奉献したこの国土に降して統治させ、さらに第二の御子の天穂日命《あめのほひのみこと》に命じて天日隅宮の祭祀を司らせた。すなわち瓊《に》瓊杵尊《にぎのみこと》が皇室の御祖先であり、天穂日命が出雲国造《こくそう》の祖先であり、皇室も出雲国造家もともに連綿として今日に及ぶのである。まさに皇室と出雲とはその当初から特別に深い関係を持っているのである。

やしろ

　この大国主神の鎮座する大社《おおやしろ》の大というのは、以下に述べるように、その雲に入るばかりの壮大な社殿から出た形容語である。それでは「社《やしろ》」という言葉の意味はいったいなにか。これまで自明なこととして、ことさらにふれずにきた「やしろ」という言葉の意味を、ここであらためて考えてみることも、日本の精神文化の中核としての神社を知るためにも必要なことと思う。

はじめに注意されることは、『万葉集』で「社」の字を「もり」とも「やしろ」とも読んでいるということである。これは音韻からいっても語原的な推定からいっても、同義であるとは考えられないし、その示すところも異るものがあると見るべきである。しかしともに「社」という字により表示されているのであるから、共通するものが基礎にあると見なければならない。

シナの『説文』には「社」の字を釈して「地主なり、示土に从《したが》う」とある。つまり土地の神霊という意味である。『周礼』に「二十五家社を為《つく》りおのおのその上に宜しき所の木を樹つ」とあり、また「夏至には地を祭り社という」ともあるそうで、こういうような意味をもつ字であるから、「もり」とも「やしろ」とも読ませることができるのである。

山科の石田の社《もり》に手向せば、けだし吾妹にただに逢はむかも（巻九ノ一七三一）

神奈備《かむなび》の伊波瀬《いわせ》の社《もり》の喚子鳥　いたくな鳴きそ、わが恋まさる（巻八ノ一四一九）

想はぬを想ふといはば真鳥住む　卯名手の社《もり》の神し知らさむ（巻十二ノ三一〇〇）

が社を「もり」と読む例で、こうして『万葉集』で二音節に相当するところに使用されている社は「もり」と読むのである。そしてまた「神社」と書いてあっても、また二音節にあたれば、これを「もり」と読むのである。

真鳥住む卯名手の神社《もり》の菅の根を　衣にかき着《つ》け着《き》せむ子もがも（巻七ノ一三四四）

哭沢《なきさわ》の神社《もり》に神酒《みわ》する禱《こ》ひ祈《の》めど、わが王《おおきみ》は高日知らしぬ（巻二ノ二〇二）

こういうわけであるから逆に、

妹が家に伊久里《いくり》の母里《もり》の藤の花　今来む春も常かくし見む（巻十七ノ三九五二）

の「伊久里の母里」も、伊久里という名を負える神社と、これを解釈することができるのである。

このように「もり」は神社の意を表示する古語であり、社と森とは同一のものをさすということが知れるのである。樹木のしげっている森はつまり、その土地の神霊のそこに鎮まりますことを表示するものであったのである。この「もり」にたいしてよく似た言葉に、「みもろ」というのがある。次の二首を対照してわかるように、

木綿《ゆう》かけて祭る三諸《みもろ》の神さびて　斎《いわ》ふにはあらず　人目多みこそ（巻七ノ一三七七）

木綿かけて斎ふこの神社《もり》超えぬべく　念《おも》ほゆるかも　恋の繁きに（巻七ノ一三七八）

「もり」が土地の神霊の鎮まります所とすれば、「みもろ」とは神座であり、神の森の中などに神霊をまさせまつる場所、あるいはその設けをいう言葉である。

そこから「みもろ」に招き迎えた神霊を祀ることを「みもろつく」（神室斎《みもろつ》く）とよび、その招かれる神霊は「みもろのかみ」なのである。大和の三輪の山はこのような「みもろのかみ」として

神威きわめて高いために、ただ「みもろのやま」とよぶときは、固有名詞化されて三輪山の大神《おおみわの》神社《かみのやしろ》をさすこととなっていた。

見渡しの三諸山《みもろのやま》の石穂《いわほ》菅《すげ》　ねもころ吾は片念ぞする（巻十一ノ二四七三）

神南備《かむなび》の三諸の山に斎《いわ》ふ杉　思ひ過ぎめや蘿《こけ》むすまでに（巻十三ノ三二二八）

がこの三輪山であるが、この三輪山そのものが神体山である。そこで大和桜井市の大神神社は拝殿だけで、本殿を昔から欠いているのである。この大神神社の神社としてのあり方は、「やしろ」という言葉の解明には適切な資料となるのである。

屋　代

『出雲国風土記』の意宇郡屋代の郷の条をみると、天穂日命のおともとして天降ってこられた伊支《いき》らが遠祖天津日《あまつひ》子命《このみこと》が、「吾が静りまさむ社」と申されたので、ここを社《やしろ》といったのであるが、神亀三年（七二六）に屋代と字を改めたといっている。社を「やしろ」とよむ証例となる記事ではあるが、同時に神亀三年に改字した屋代という二字は、この言葉の語原を示す有力な史料だといってよい。また同書大原郡の屋代の郷では、天の下造らしし大神が垜《あむつち》を立てて矢を射た処なので、もとここを矢代といったのを、神亀三年に屋代と改めたという。この地名起原説話は、「やしろ」の「しろ」という言葉の意味をよく表わすものだ、といってよいのである。

この「やしろ」という言葉と同じように、シロという語をもった言葉にタシロ（田代）、ナワシロ

（苗代）、ヤマシロ（山城）、アジロ（網代）などがある。前記大原郡矢代の郷の説明では、矢代とは矢を射る場所であった。ここからして田代とは田をつくる場所であり、苗代とは苗を育てる場所のことである。そしてまた山城とは山のある場所であり、網を張る場所が網代なのである。

　このように考えてくれば「やしろ」とはつまり、屋根をしつらえる場所ということになるであろう。世を降ってもこういう使い方は行われているのであって、ミタマシロといえば御魂の憑《よ》りくるところであり、ヌイシロといえば縫うべきところの義である。

　大社の教信徒たちは出雲国造をよんで、大神さまのミツエシロ（御杖代）という。シロという意味をこのように解すれば、大神の霊威が憑りつく聖なる躬（体）ということになるであろう。

　「やしろ」とはその原義は、このように臨時に屋根をしつらえて、神祭りをするための場所であった。収穫を感謝する霜月祭りの夜は、今も昔も祭りに集う人たちには、その着衣にも霜がおり、寒さはひとしお身にしみることであろう。神を迎える光景をうたったものとして、

　神名火に神籬《ひもろぎ》立てて斎へども　人の心は守り敢へずも（巻十一ノ二六五七）

というのがある。

　祭りにあたり、神は人の要請と期待にこたえて神籬に来臨されるが、祭りがすめばまたもとの高天原にもどるのである。屋代はそこで来臨される神に侍するために集える氏人のために、臨時にし

つらえられるのが最初のかたちであって、その屋は祭りの終了とともに撤去されるのが本来のあり方であったであろう。だから大神神社も拝殿だけが建てられているというわけも、その起りはこういうところにあるのである。

神の宮

言葉はいつまでも原義の通りに使用されるものではない。『万葉集』における「やしろ」の用例は十個、そのうち「神のやしろ」というもの五例、「やしろの神」というのが一例あって、この用例のうち建造物をさすもの六例の多くにのぼるということからも、祭りごとに招迎される神はやがて、われわれの社会に常在されるものと考えられるようになるにつれ、神の住居としての「みや」(御屋・宮)が建てられて、これを「やしろ」とよぶようになってくることを知るのである。

高天原から天降られたスサノオノミコトも、稲田姫との聖婚の後は、ふたたび天上に還られることなしに、「吾が心清々《すがすが》し」と申されて、出雲の須賀の地(大原郡)に宮を営まれたのであった。

「みや」とは屋を主体とし、これに敬称の接頭語「み」を添えて構成されている言葉であり、建造物を意味する。伊勢の神宮、出雲の大社はその起原からして宮殿造営によっていることは明白であるが、国々に散らばる多数の神社はどこまでも「もり」「やしろ」であって、「みや」とはいわないのである。「もり」と「やしろ」とは上記のように共通するところがあるので、ともに「社」という文字によって表記されたのである。

大社の境内

大社の鎮座地はいわゆる四神相応の地であって、東に川が流れ、南に田圃、あるいは溜り水があって、古くは国造を水葬したという菱根《ひしね》の池の一部で、今日は神苑になっている。西は長道で、鵜鷺《うさぎ》に通ずる往還があり、北は宇迦《うか》の山脈が控えており、すこぶる景勝の地である。いかにも大国主大神が宮殿を構えるのにふさわしい土地がらである。今日、旧大社駅から杵築の町に入るとまず宇迦橋の、日本一の高い大鳥居をくぐる。神社の正面には大きな砂丘が横たわり、その前方に高さ三丈余の大鳥居が、宇迦の山なみの緑の色にくっきりとそびえたって、まず参詣者の眼を驚かすのである。そこを通って砂丘の町を登りつめてさらに小坂を北に下ると、祓《はらい》橋《のはし》がある。それを渡って欝叢《うっそう》たる長い松原の参道を行くこと数町で、やっと御本社の境内の正面に出る。境内は二万三千七百一坪、四囲の境域は古色蒼然たる石組の荒垣をめぐらし、その長さは三百八十間もある。南に面した所に正門があり、東西に三つの門を設け、古来から七口門とよばれた。正門には高さ一丈九尺、胴囲が六尺に余る青銅の鳥居が建っている。先にのべたようにこれは寛文六年に長州藩主毛利綱広が寄進したものである。

正門を入ると、正面に拝殿があってまず向拝にかかっている豪壮な〆縄の威容に眼を奪われる人が多い。拝殿の背後の石段の上に八足門《やつあし》がある。桁《けた》行が二丈九尺八寸、梁行が一丈七尺六寸で、妻破風造の桧皮葺きで、建坪十四坪六合余。八足門の東に接した建物が観祭楼《かんさいろう》で、入母屋《いりもや》妻破風、二階造りで、建坪は二十五坪五合余である。八足門と観祭楼とは廻廊で連接して、さらに連続する瑞垣がとりまいている。八足門を入って進むと楼門に達するが、それは御本殿の前面であって、三手先入母屋、妻破風の二階造りで、高さ二丈四尺余、十三坪余の広さである。門内の東西には神饌《しんせん》所があり、門から連続した玉垣を御本殿の周囲にめぐらし、そのなかには大粒の玉石を敷きつめてある。これらの建物はいずれも永正の造営である。

楼門

雲に入る千木

楼門の奥には、天下無双の大厦《たいか》とよばれた御本殿がある。創建の当初は高さが三十二丈もあったといい、屋根の上の千木《ちぎ》が雲の中に入っていたといわれた。その後にしばしば建て替えられたが、それでもなお十六丈の高さであったという。

この出雲の大社が建造されたのはいつのことであるかという問にたいして、それはすでにわが神話伝承にはっきりと記載されているので明かだ、と人はいうかもしれない。さきに

雲に入る千木

ふれたように大国主神が天孫瓊《に》瓊杵尊《にぎのみこと》のために国譲りをされたので、天つ神高御《たかみ》産《む》巣《す》日《び》神が大神の為、出雲の多《た》藝《ぎ》志《し》の小浜に造らせられた天日隅宮《あめのひすみのみや》が、この出雲大社だというのである。ここではこのように「やしろ」ではなくして「みや」とあるところに注意してほしい。つまり大国主神の御住居として造営されたというのである。『日本書紀』によるに、「千尋の栲縄《たくなわ》を以て結いて百八十紐《むすび》にせん、その宮を造る制《のり》は、柱は則ち高く太く、板は則ち広く厚くせん」とあり、長い長い強い梶の木の繊維でつくった縄で幾重にも念を入れて結び、宮の柱は高く太く、広く厚い板を使用することにしようというのである。『古事記』には「天つ神の御子の天津日継知ろしめさむ、とだる天の御巣なして底津石根に宮柱太しり、高天原に氷木高しりて」と、天津神の御子の天つ日継をおうけになって住まわれる立派な宮殿のように、宮殿の柱はふとく千木は空高くそびえるようにと、その社殿の壮大なさまを述べている。両者共通して『古事記』や『日本書紀』の編纂された八世紀初頭のころの、眼をそばだたせるばかりの豪壮さを特記している。こうして日本神話に記載されている故に、神話時代からこのような大厦であったと思うべきではなく、記録の編纂された時点における事実として、これをうけとらねばならないことはいうまでもない。

社殿の造営

神話伝承について出雲大社の記事がわが歴史に登場してくるのは、第十一代垂仁天皇の御代のことである。大国主神が天皇の夢のうちに教を垂れられて、天皇の悩みとされるところの天皇の御子の唖であることは、大神の宮を天皇の御殿のように立派に建造すれば、御子の口はきけるようになるであろうとあったので、天皇はその夢中の教のままに大神の宮を営まれたというのである。先に『古事記』で見たように、天皇の宮殿にまけない壮大な社殿を大国主神のために建てたという話は、じつはこの垂仁天皇のときの話であるのかもしれないのである。

つぎに大社造営の記事としては、『日本書紀』斉明天皇五年（六五九）に見えるところの、「この歳、出雲国造に命《おお》せて厳神之宮《いつかしのかみのみや》を修《つく》らしむ」があげられる。現在の本殿の方六間四面、高さ八丈の規模と形式とはこのとき以来のものであり、これを正殿《せいでん》式とよび、この規模に達せず縮少したものはこれを仮殿《かりでん》式と大社ではよぶ。しかし、この斉明天皇の五年の記事は、このあとにつづけて、この修造の原因としてあげられた妖変の記事「狐、意宇郡の役丁《えのよぼろ》の執れる葛《かつら》の末を噛《く》い断《き》りて去《い》ぬ。また狗《いぬ》、死人の手臂《たたむき》を言屋《いうや》社に噛ひ置けり」がいずれも出雲の意宇郡の記事であるところから、前の厳神之宮とは意宇郡の熊野大社のことであり、厳密には出雲郡の杵築の大社のそれではあるまいと推測する説もある。

わが出雲大社の古い伝えではその社殿造替《ぞうたい》の歴史をあげて、垂仁天皇のときのを第一回、斉明天皇の五年を第二回とし、現在の本殿の造られた延享元年（一七四四）まで二十五回の造替があったとしている。その後は文化六年（一八〇九）、明治十四年（一八八一）、昭和二十八年（一九五三）と三回の修理をくわえて今日にいたっているが、この間に中世の弘安五年（一二八二）から慶長十四年（一六〇九）まで約三三〇年間は仮殿式であった。この意味で中世以来の仮殿式が正殿式にもどった寛文七年（一六六七）の造営は、わが大社史上特記すべき造営であって、衝にあたった第六十八代国造尊光《たかみつ》ののこした国造館日誌のなかに収められている寛文造営の記録は、関係学者の注目するところとなっている。

大社が大国主神の宮として始めて建造された時期については、神話伝承はともかくとして、明確にその時をいつと指示することは、今日ではもはや模糊としてわからないというべきであろう。三世紀末葉の垂仁天皇の御代にあてるというのも、ひとつの意見ではあろうが、なお一般的にいって考えるべき点も多い。しかしながら『古事記』や『日本書紀』の編纂された八世紀初頭のわが古典時代には、豪壮な社殿は人々の頭に強く印象づけられていたということは、動かすことのできない事実である、といわなければならない。

大社の社伝では本殿の高さ上古は三十二丈、中古は十六丈、その後は八丈であったという。物ごとは簡単なものから複雑へ、小なるものから大なるものへという発展の一般的原則とは逆に、古くさかのぼればさかのぼるほど大きかったというのであるから、この社伝は人の不審をとかく買いがちである。中世の大社は仮殿式であり、衰微をかこつその声は過ぎ去った昔を想い出させ、過去の壮大と繁栄を懐しむときには、社殿の本殿の高さを八丈から十六丈、さらにはその倍の三十二丈にと、しだいに想念のうちに高めていくこともまたありうることである。しかし十六丈という社伝の本殿は、作り話ではないということを証明するものとして、二つの史料があるのである。

『口遊』の大屋の誦

その一つは前にもふれたが平安初期の天禄元年（九七〇）に源為憲のあらわした『口遊《くちずさみ》』で、当時の社会常識を児童にも暗誦しやすいように、語呂をととのえてまとめたものであるが、その中で、

雲太、和二、京三（大屋の誦をいう）。今案ずるに雲太とは出雲の国城築《きづき》明神の神殿をいふ（出雲の郡にあり）。和二とは大和の国東大寺の大仏殿をいふ（添上の郡にあり）。京三とは大極殿八省をいふ。

と見えているのがそれである。「雲太、和二、京三」とは「出雲太郎、大和二郎、京三郎」の略称であたかも今日「阪東太郎、四国二郎、筑紫三郎」といって、利根川、吉野川、筑後川の長大さを

比較したいいざまと、同じいいかたである。すなわち太郎は出雲の杵築大社の神殿、二郎は東大寺の大仏殿、三郎は宮城内の大極殿だというのである。

大社社伝の論争

この『口遊《くちずさみ》』の一節は明治四十一年と翌二年にわたって伊東忠太博士と山本信哉博士との間で、大社の高さについて論争がかわされたとき、山本博士が十六丈説の証拠として引用したところであった。山本博士はいう、出雲大社の本殿の平面が大仏殿の平面より大きかったとは、とうてい考えられないところから、この太郎、二郎、三郎の順序はその高さをいったものでなければならぬ。ところで東大寺の大仏殿は古い記録によると棟高十五丈であったことがわかるのであるから、それよりも高い出雲大社本殿の棟高は、少くともこの『口遊』が考え出されるころには十五丈を越えるものでなければならない。

こう考えてくれば出雲大社の社伝として、神殿の高さは上古三十二丈、中古は十六丈、その後は八丈だというのは、三十二丈というのはともかくとして、十分にあり得べきことだというのであって、京都大学の福山敏男博士も、この説をとっておられたのである。

金輪《かなわ》の造営

しからば三十二丈説はまったく根拠がないのであろうか。大社背後の八雲山をもしかりに、三輪山のように大社の神体山とするときには、その高さ三十二丈説もまた別の意味で成り立つのである。八雲山は大社では神聖な禁足地として、ここに登拝することは許され

八雲山と大社本殿

ていない。この八雲山に、磐境《いわさか》があたかも三輪山のそれを思わせるようにあるということを、二三の人から聞いたことがあるが、これをたしかめるすべはない。

『口遊』とならんでもう一つ、大社本殿の高さの信拠すべきを伝える史料は、わが千家国造家に伝えられてきた「金輪造営図《かなわのぞうえい》」であり、本居宣長が『玉勝間』（十三の巻）にかかげたことから、世の注目をひくこととなったのである。この図によると、神殿は方二間、九本の柱はいずれも大きな円形の内に三つの小円形を描いているのであって、この小円は柱材、大円はそれを鉄の輪で緊縛したことを示すものである。

この造営図の意味するところは、つぎのように解することができるであろう。大社の往古の社殿

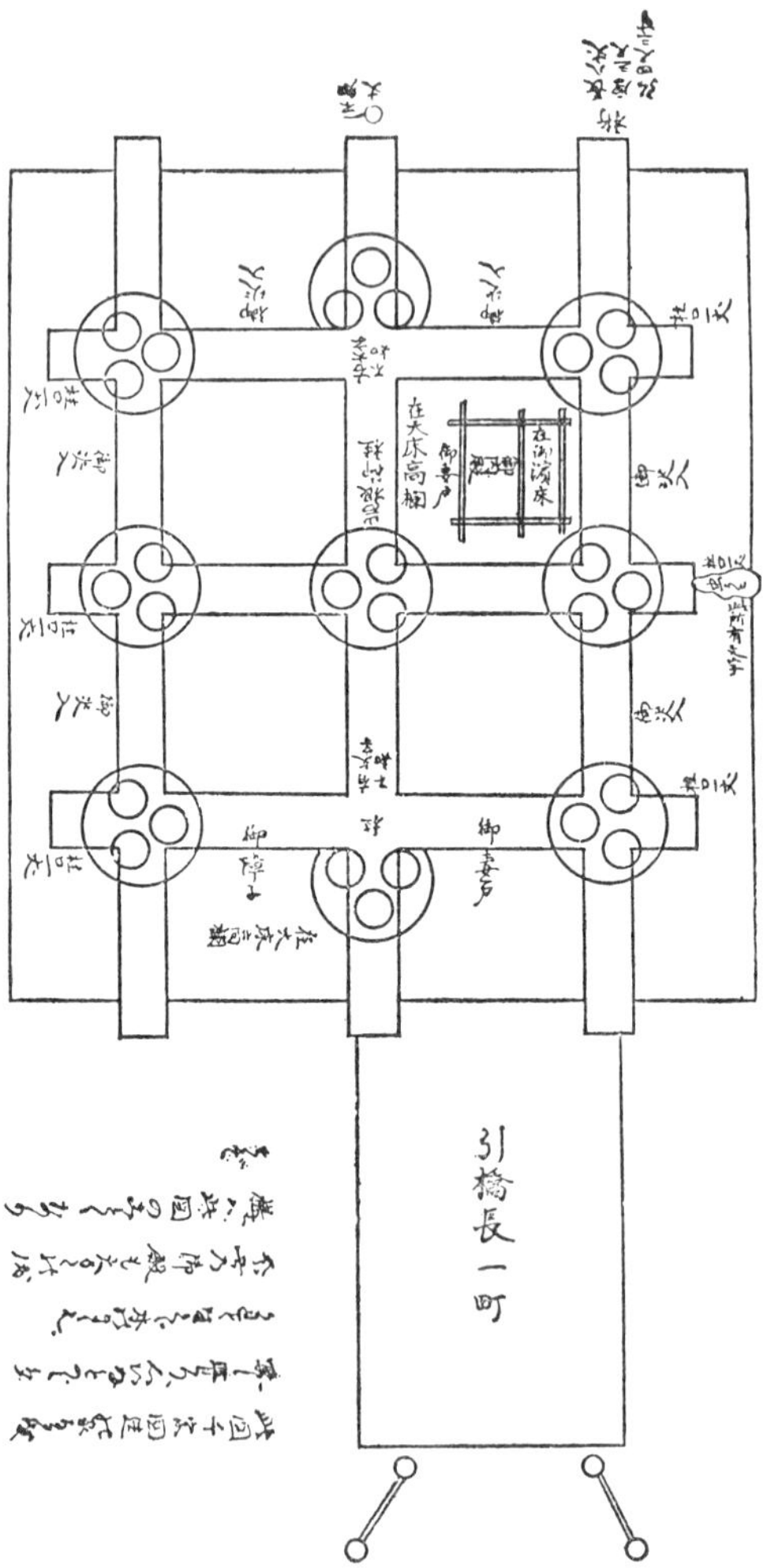

金輪造営図（『王勝間』所載）

があまりに巨大であったので、それに必要な太く長い柱材が容易にえられないので、三本の材木を鉄の輪で緊縛して一本の柱としてもちいた。そこでもっとも細い側柱でも柱口《はしらぐち》一丈、つまり三メートルもある巨大な柱とすることができたのである。福山敏男博士はこの図に記載された用語も近世のものではなく古いものであることとあわせて、この図は上代以来、建久元年の造営までの仮殿というのではなく正殿式の神殿の指図の一とし、近世における擬古作と見るべきではないと申されているのである。（同博士著『出雲大社の本殿』出雲大社刊）

寂蓮のおどろき

平安初期になると、朝廷から「造出雲社使」なる官吏が派遣され、こうして、大社の造営が行わせられている。大社の造営が大事業であったからでなければならない。鎌倉初期の建久・建仁のころ・大社に詣でた寂蓮法師（藤原定長）は次のように記している。

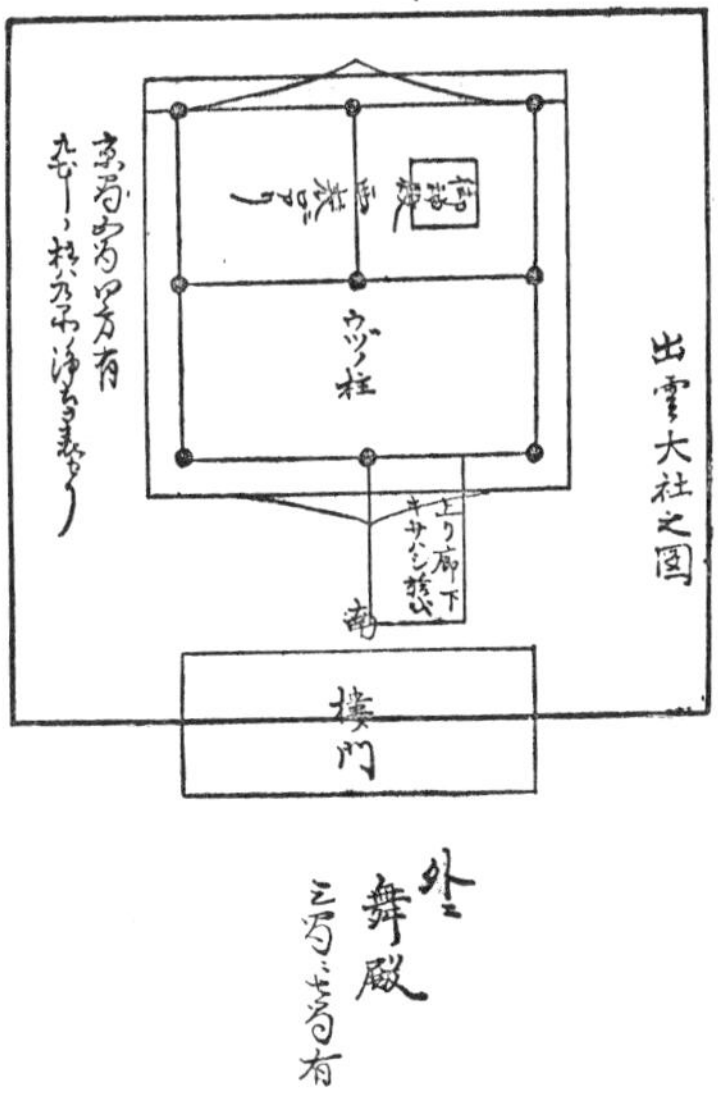

金輪造営図（『明匠』所載）

出雲の大社《おおやしろ》に詣て見侍りければ、天雲たな引山のなかばまで、かたそぎの見えけるなん、此世の事とも覚えざりける。

やはらぐる光や空にみちぬらん
雲に分け入ちぎのかたそぎ

雲のたな引く八雲山のなかばの高さにまで、神殿の千木がそびえ立っていたというのである。おどろきの眼をみはり、この世のこととも覚えなかったという

鎌倉時代の大社（出雲大社幷神郷図による）

のである。

鎌倉時代の大社の建築

この出雲大社は古くはたびたび顛倒した。記録の上からみても長元四年（一〇三一）八月の風もない日に神殿が震動して「材木は一向に中より倒れ伏す、ただ乾の角の一本は倒れず」とする。柱材が中より倒れたというのは、柱が非常に高い建造物であったという証拠である。隅の柱が一本倒れずにのこったとするのは、掘立柱であったためである。この長元より以前に、すくなくとも一度は倒れたことがあり、長元の後は康平四年（一〇六一）、永治元年（一一四一）とつづき、鎌倉時代に神殿が小規模となってからは、かかる顛倒の事実はない。こういうところからも平安朝の神殿の巨大さが推測できるのである。

千家国造家に蔵する出雲大社幷神郷図は建久造替（一一九〇）の古絵図と考証されているが、この古絵図に見る大社神殿は、今日の大社神殿に見るような周囲の椽をささえる椽束《えんづか》がなく、回椽は神殿の九本の柱から持ち出されて空中に浮かぶ姿となっている。この絵図の神殿が平安朝期の神殿の形式を襲っているとするならば、椽束を欠くが故に、横からの風圧には抵抗力はきわめて弱かったであろうことは、十分に推測できることである。

現在の建物はこれまでも申したように延享元年の造営で文化六年に修理を加えたが、天正造営以前はまだ掘立柱式であった。慶長十四年の修理では各柱の下に礎石をつけたが、建物の全体は延享元年のままである。上古の規模にくらべればいちじるしく小さくなったが、それでも高さは基礎から千木の端までが八丈、向破風、登御拝は白木造りで、その規模を申すと、桁行が三丈八尺四寸で、高さ三丈五尺九分五厘、梁《はり》の高さは三丈八尺四寸、正面の椽出が一丈三尺五寸五分、背反の右の椽出は一丈五寸五分宛、正面の欄干出が一丈二尺、三方の欄干出が九尺ずつで、登御拝の桁行は二丈三尺五寸、同じ梁間が一丈九尺六寸、太柱は九本である。その心の御柱《みはしら》は直径三尺六寸で、千木《ちぎ》の長さは二丈八尺余、鰹木《かつおぎ》の長さは一丈九尺余である。屋根は桧皮葺きで百七十七坪七合余、登御拝の屋根は四十三坪一合余、建坪は五十三坪七合余、登御拝の階段は十五段である。真に豪壮雄大な構えであって、今日でも庭上に立って仰ぐと、千木が雲に入るかとばかり思われる。雨上がりの時、背後の禁足地、神山八雲山より湧き出る雲たなびき、千木は正しく雲に入り、先に紹介した寂蓮法師の「此世の事とも覚えざりける」との感嘆もさてもこそと思われるのである。

大社造

建築史家のあいだでは、大社の御本殿を「大社造」とよび、最古様式の神社建築と認めている。この大社造の特色は、建物中央を貫ぬく心の御柱である。在り方はともかく、今日心の御柱を有する社殿が伊勢神宮、貫前神社（群馬県）のほか、大社造以外にないことでもわかる。また思想的にも大切な特徴である。ことに大社造の本源たる出雲大社の心の御柱はその巨大性が注目されるのであり、要たる「ダイコク柱」の俗称も生ずる由縁である。この心の御柱は、もともと神霊の憑依する神籬《ひもろぎ》としての性格をもつものと理解されるが、伊勢神宮のそれが徐々にその丈《たけ》を減じてきたのと比較して、大社のそれが巨大に高く本来的な様相を持ちつづけているであろうことは注意に価しよう。神事《かみごと》の主宰神たる大国主神に相応しい心の御柱である。

さらに出雲大社において興味をそそるのは御神座である。一般に神社などの建物は南面したものが多く、大社も例外ではない。ところが本殿内の御神座は、正面南向きではなく西向きなのである。すなわち南に面した切妻屋根の方面に登拝口と御本殿の入り口があるが、それはどれも普通の神社のように中央ではなく、右寄りに作られていて、御本殿の床下はすこぶる高い。そうして御本殿の内部は上下の両段二室に分れ、上段の室の東方、つまり登拝の階段を上って御扉口を入った正面に板壁があり、板壁の向う奥に西に向いた内殿がある。そここそ御神体が鎮ります御座所である。それで御扉口を入って左の方にいき、外側の板壁に突き当り、そこから右に折れて入った室の突きあ

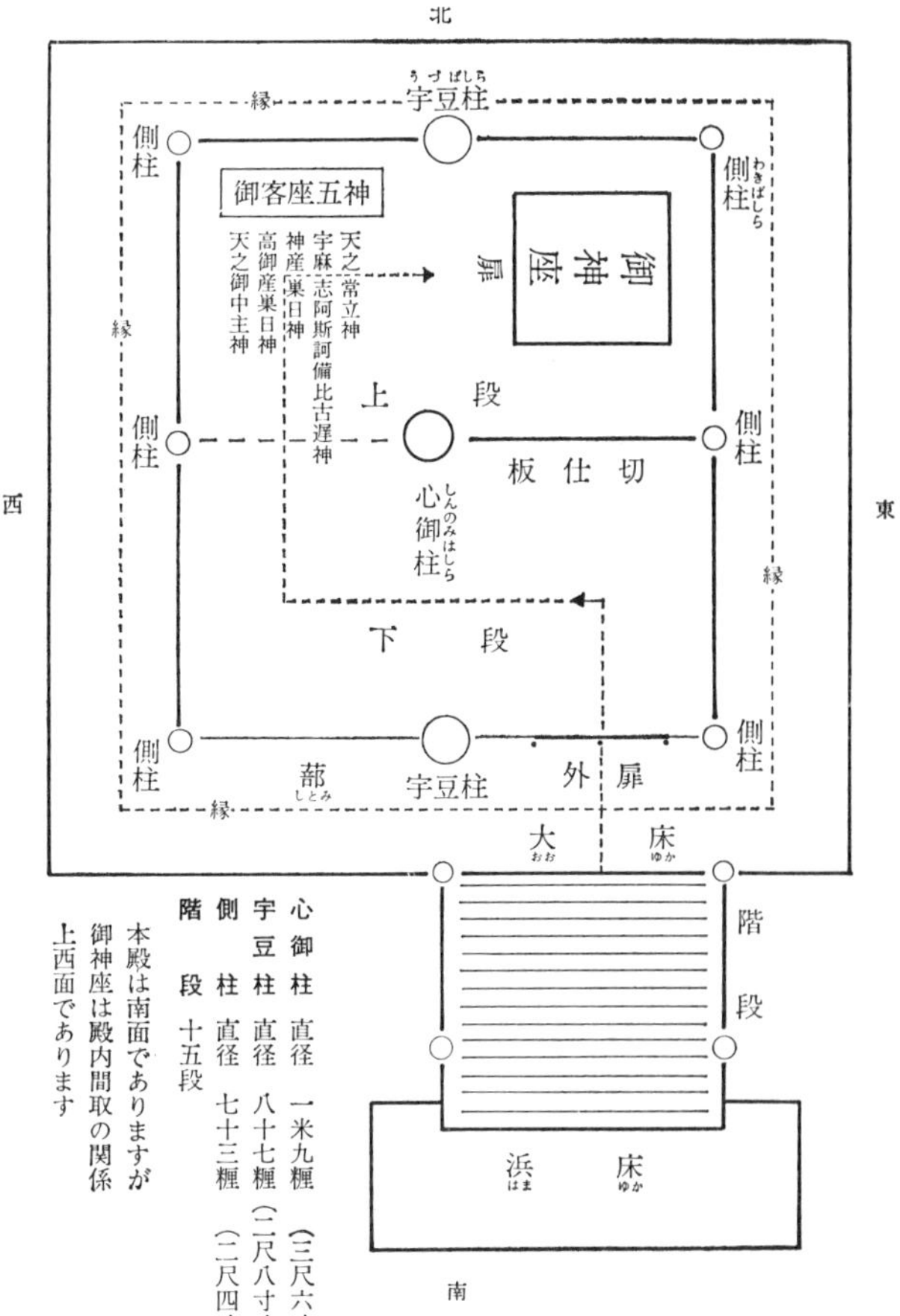

心御柱　直径　一米九糎（三尺六寸）
宇豆柱　直径　八十七糎（二尺八寸八分）
側　柱　直径　七十三糎（二尺四寸）
階　段　十五段

本殿は南面でありますが御神座は殿内間取の関係上西面であります

出雲大社本殿平面図

たりの板壁に接して五つの御神座がある。これを御客座とよんでいる。その室の右手の奥が前記の御座所で、御神座は西向きである。したがって普通の参拝者は神様を側面から拝んでいるのである。

この神座の西向きについては昔からいろいろの解釈が行われている。その二三を紹介しよう。黒沢弘忠の『懐橘談』には素戔鳴尊は諾冊《だくさつ》二神の勅勘をこうむってこの国土に降られたので、真向きには拝まないのだろうという人があると記しているが、もとより当社の御祭神を素戔鳴尊とするのは誤りである。当社の社家上官であった佐草自清の『出雲自清公随筆』には躬に瑞の八坂瓊を被いて長く隠りますので南面し給わぬのかといい、あるいは異国防禦のために西に向かい給うかという他人の説を引き、もとより信じ難しといっている。この説と同じような意見に『佐々鶴城随筆』があって、東北守護の鹿島神宮の御正殿は北向きだが、御内殿は東向きであると同様に、当社は本州の西南を守護し給うので、西向きだといっている。

その他にも大国主神の父である素戔鳴尊を祭る素鵞社が御本殿の後にあるので、後を向けるわけにはいかないので、西向きだともいい、あるいは大神が顕露のことを皇孫に譲って政事に関係しないので、天皇のように南面し給わぬのだともいう。あるいは伊東忠太博士は当社は西の方が開けて景色が良いから西向きだといい、関野貞博士は原始住宅そのままの御社殿だと説き、入口に近い部分が玄関で、その左手が客間、その奥が家族の居間であり、その右手の一番奥の間が主人の居間だと思うと説かれた。

わが出雲大社は古代住宅から成り立った神社であるから、関野博士の解釈は、もっともな説と思われる。今日でも山村にいくと、囲炉裏《いろり》の四方の座席にはそれぞれの特別の名称があり、着席する人が定っている。すなわち囲炉裏の座席の一つに「横座」とよぶ所があって、そこが最上席で主人だけが坐ることができる。それは入口から進んで左手、あるいは右手に折れて囲炉裏の前面に出るが、その囲炉裏の向う側の席が横座である。つまり例えば南側の入口から入って右手に囲炉裏があるとすれば、横座は西に向いているのである。これは囲炉裏が無い場合も同じことと思われるが、出雲大社の御本殿の内部はその囲炉裏のない場合であって、横座の位置に御神座が設けられているのである。古代にあっては神と人とが一緒に生活した、共殿同床の面影を伝えているものというべきであって、こういう点から考えてみても、出雲大社はきわめて重要な意義をもった社殿だということができるのである。

しかし以上で、御神座が西向きであるという理由の説明は、まだ弱いとおもう。南の入口から入って右手に囲炉裏があるとすれば、たしかに前記のように神座は、西向きとなるであろう。しかしもし左手は囲炉裏があるとすれば、御神座は東向きとなるのである。御神座の東向きとなるのを避けて、どうして西向きであるようにしつらえたのか。それには出雲族と、西方九州方面との関係を

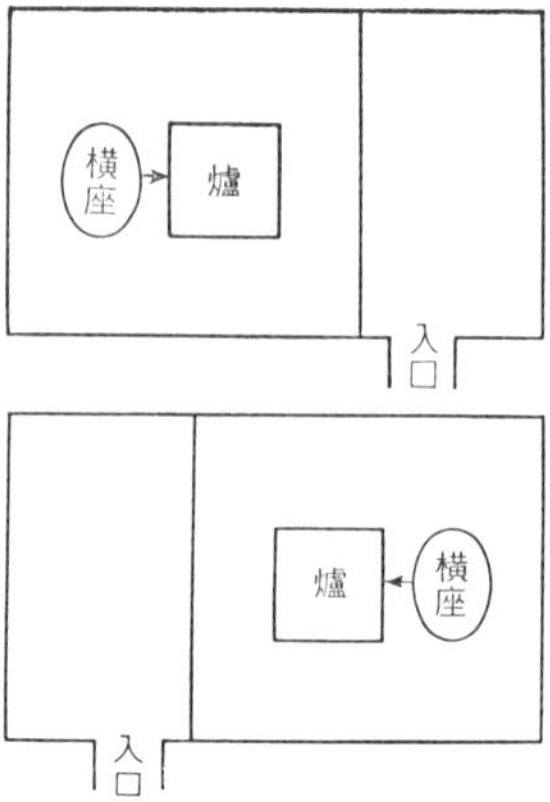

炉と横座との関係位置

下段天井に描かれた雲の絵

考えなければならないであろう。御祭神と海との関係、むすびつきを見なければならないとおもうのである。

そして、このことの一端は、先にものべたことであった。

雲の絵

つぎに注目したいことは、御本殿の天井に雲の絵が描いてあることである。上段に二雲、下段に五雲があるが、御神座部にはない。およそ幅五尺、長さ一丈。ただし下段中央の一雲のみは長さ約その倍あって配色にもとくに黒色部を持ち、また六雲は東向きで、一雲が西向きとなっている。寛文四年五月、国造千家尊光は国守松平直政から天井の雲の絵七雲を画いて八雲《やくも》というわけを問われ、次のように答えている。「雲は八雲立つ出雲の縁によって、天井の絵につかまつり候」。要するにこれは神がいます所は雲の上、あるいは雲の中、あるいはまた雲の下でも、人里をはるかに隔てた高い雲居の辺だ、と信じられていたことを示すものであろう。熊野神社の近くの大庭の神魂《かもす》神社の天井にも、雲の彩色が施されている。伊勢神宮でも御遷宮の時に、御神体をとりかこむ絹垣に雲の絵を描いたり、あるいはたんに雲という字を書いたりしたこともあるが、おそらく同一の信仰からでたことであろう。

本殿の復原と水上生活

また御本殿の構えは水上住居の名称を示すものではなかろうかとも思っている。元来、出雲民族は海洋系の民族であるから、このことは十分に考えられる。地勢上からみても背には八雲山、左右に鶴山、亀山をひかえ、前面には今は埋ってしまったが海に面した地点で、きわめて住居に適した地である。言い伝えによれば御本殿の位置は昔はもっと前方で、只今の拝殿のあたりであったといい、実際に数年前に今の拝殿を新築したとき、地下から掘立柱が出土し、その下が海であった事が立証された。床が非常に高いこともこの想像をうなずかせる。

おそらく今の島根半島が島であった当時、外洋を通航する船は、日の御碕から杵築の方に入って内海を通ったことであろう。その入口に、大国主神が住居を構えておられたものと想像される。また御本殿には一町の引橋が架けられてあったというのは、「金輪造営図」にはっきりと記されてあることで、これはおそらく、稲佐の浜辺から一町ばかりの桟橋が作ってあったものと思われる。もしもこういう想像がゆるされるならば、これも水上住居の証といってよいのではあるまいか。福山敏男博士は、十六丈という大社神殿を復元されて、別図のような長大な引橋を考えられたが、このように浜辺から一町の長い水平の方向の桟橋を想像することも、また一案ではあるまいか。

気多神社

島根半島の南の山麓、ここに杵築大社が雲に入るばかり高くそびえ立ち、内海を航行する船を見守っていたとするならば、この杵築の景観とよく似ているのが能登の気多《けた》である。

能登半島と本土を結ぶ邑知潟《おおちがた》の地溝帯は、その昔日本海と七尾湾とを結ぶ内海であったであろう。その内海の入

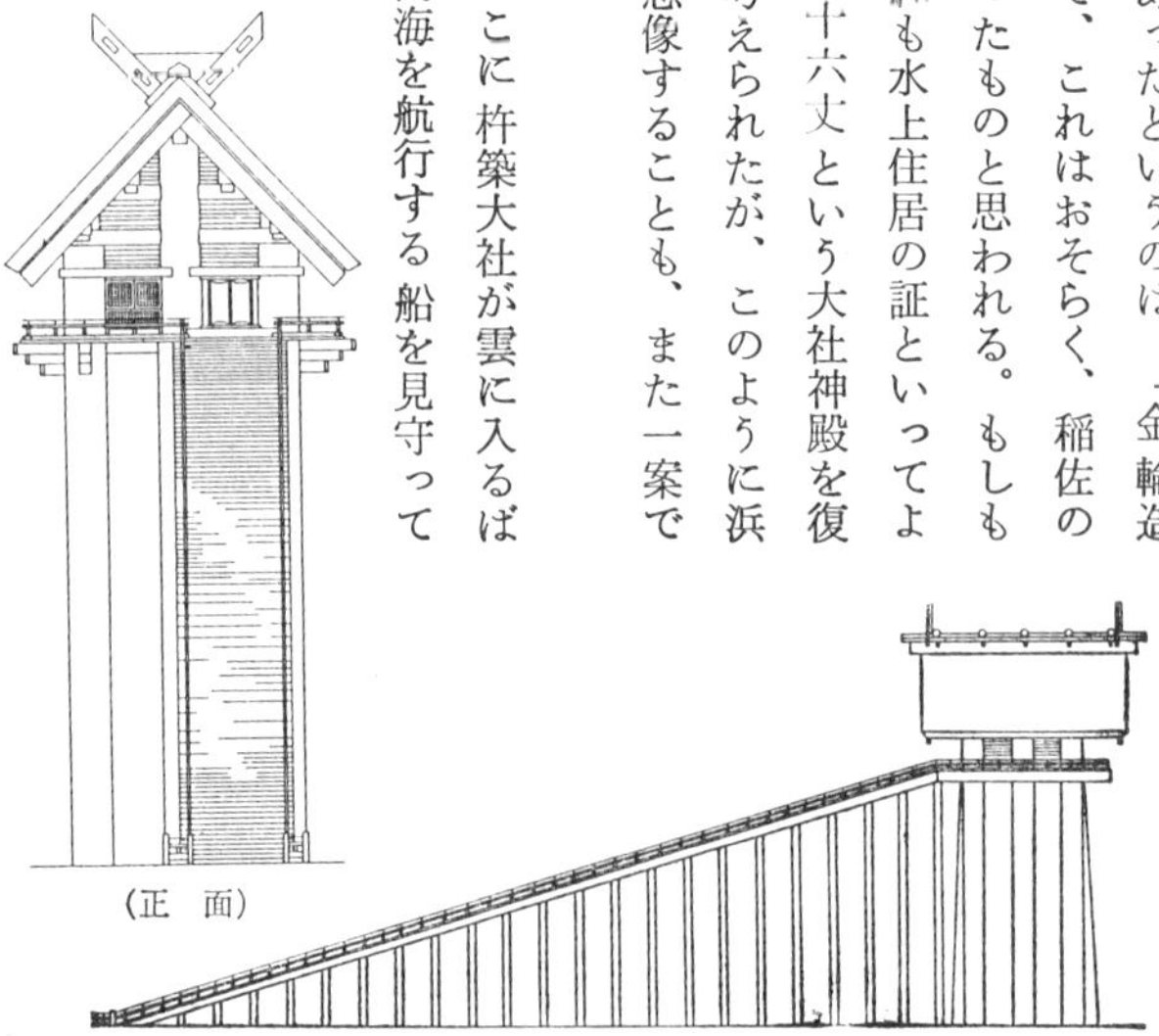

出雲大社神殿復原図（側面）
（福山敏男博士の復原図による）

り口に鎮座する能登の一宮「気多神社《けたのかみのやしろ》」は、気多大神宮ともよばれ、祭神は出雲大社と同じく大国主神である。第十代崇神天皇の御代の創祀だという社伝はともかく、ここにも悠久の遠い昔、日本海流に乗って北陸方面にまで発展した出雲の人々が、郷土と同じような景観を見て、ここに大国主神を迎え祭ったということは、十分に考えられることである。

さきにあげた八束水臣津野命の国引の詞章にも、美保の埼は高志《こし》の都々《つづ》の三崎から引いてきたものだといっている。そして高志の都々の三埼とは、能登半島の珠洲《すす》岬のことであるといわれているのである。

出現した巨大宇豆柱

〔補記〕**巨大柱の出現**　平成十二年、八足門の前での発掘調査中、地中から巨大な三本の柱をまとめて一本としたものが、三組も出現して世間を驚かせた。これは、古代神殿を描いた金輪造営図のとおりの姿で、心御柱《しんのみはしら》、宇豆柱《うずばしら》などに相当する。前にふれたように、出雲大社の大きさを『口遊《くちずさみ》』でわが国第一としたことに疑問の声もあったが、高さ十六丈といわれた高層神殿が現実のものとなった。

一〇　境内と境外の社たち

摂社と末社

神社の境内では御本殿が中心であるが、歴史の古い神社によくみられるようにまだまだたくさんの建物がある。まず、八足門の内の東西には「門神社」があり、本殿の玉垣外の東方には「御向神社《みむかいのかみのやしろ》」と「天前神社《あまさきのかみのやしろ》」とがならんで南面し、西方には「筑紫神社《つくしのかみのやしろ》」がある。瑞垣《みずがき》外の東西には「十九社」とよんで一棟に十九の扉がついている長い建物がある。これが毎年神有月の十月に諸国から来臨される神々の宿る所である。東方の十九社の並びに「釜社《かまのやしろ》」があり、両方の十九社にならんで二字の氏社が建っている。

御本殿の後の山が八雲山、あるいは宇迦山《うかやま》とよぶ聖地で、その麓に素鵞社《そがのやしろ》が鎮座し、素戔嗚尊《すさのおのみこと》を奉祀している。その東方の建物が文庫で、「天日隅宮文庫」とよび、わが国の図書館としては古い例で、神書・歌書・儒書を蒐集し、明治の初年には早くも一般に公開して文化の進運に寄与した。

画期のことであったといわれている。西方には彰古館があり、多数の重宝を所蔵していたが、今日では神祜殿でこれを公開している。なお社域の内外には二十三の摂末社が祀られている。

素鵞社の床下に参籠する教信徒

信徒は稲佐の浜の霊砂をもち帰り，この社に参籠して日限をきつて祈念し，霊感をいただく。

御文庫

拝殿　八足《やつあし》門の南面には拝殿があり、その西側に御饌井《みけい》、その西方に庁《ちょう》の舎《や》がある。ふるい拝殿・鑚火殿・庁舎は昭和二十八年五月不慮の火の為に焼亡したので、当社ではただちに高松宮

拝　　殿

宣仁親王を総裁にいただき再興の大業に着手し、同三十四年五月に総費一億一千万円の浄財で全国にもまれな簡素《かんそ》華麗《かれい》で、雄大な御本殿に相応する拝殿を完成した。様式は大社造を基としたもの。

設計者は神社建築学の権威である福山敏男博士で、この拝殿はたんに大社の拝殿であるばかりでなく、国民全体の記念物として、永く護持していきたいという博士のつよい気概になることを特筆したいとおもう。事実この拝殿は、戦後わが国における最大の神社建築である。

東西十九社

さてさきに記した東西の「十九社」については、古来論議が多い。前記鎌倉時代の建久造替の大社神郷古絵図には、この十九社を見ることはできない。東西十九社はわが千家国造家に蔵する旧記によると、寛文造営のときの創建にかかるということを知るのである。一般にはこの十九社を、十月の神有月に諸国の神々が大社に参集するそのとき、その宿泊されるための神殿なりとし、このような伝承に即した祭事が現にとり行われ、またこのように説明すれば一般の人は納得するのである、しかし十月はもと北島国造家の持ち月であるが、国造家の祭事記録にも、あるいはまた維新前のもろもろの祭事表にも、十九社の祭日について記載はない。文化時の御造営関係の記録にも十九社の祭器具類のことはなく、また受け持ちの社家も古来からこれを欠くだけでなく、延享五年（一七四八）の『大社雑記』（藤原幸宗撰）には大社の摂末社中にこの十九社をあげていない。こう見てくるとき、この東西十九社は大社でもよくわかりかねる由緒の社だ、ということになるのである。

ところが応永三年（一三九六）の『大社三月会本式用途帳』の一節には三十八所という項があげられ、大永二年（一五二二）の『朝山安芸守旧記』の「大社三月会相撲歌一方色々と御神物注文」の一節には、

一、小社神馬八疋代云々

一、三十八所初物代云々

と見え同旧記『杵築大社三月会舞頭注文』の一節に、

一、三十八所初物布云々

とあり、天文十六年（一五四七）の『別火上官記録』の身逃神事にかんする記載には、

三十八社云々

と見えているのである。すなわち室町時代には三十八所または三十八社という神屋が、大社にあったことがこうして明かとなるのである。この三十八所三十八社は、三十八の社殿があって三十八柱の神々を別々に祭ったものか、もしくは一社殿に三十八神を、あわせ祭ったものかよくわからないが、おそらくは一社殿に三十八神を祭ったものであろう。古写図にも寛永の図にも、それらしい多数の神殿は、これを見ることができない。

この三十八所に祭られる神々については、社伝にはないが、はたして何神であるのか。天文十年（一五四一）に五十三歳で死去した観世弥次郎の作、謡曲『大社』には、

抑々《そもそも》出雲の国大社は三十八社を勧請の地なり。然れば五人の王子おはします。第一は阿受岐《あずき》の大明神と現はれ給ふ山王権現これなり。第二にはみなとの大明神、九州宗像の明神と現はれ給ふ。第三は伊奈佐の速玉の神、常陸鹿島の明神とかや。第四は鳥屋の大明神、信濃の諏訪の明神と則ち現しおはします。第五は出雲路の大明神、伊予の三島の明神と現はれ給ふ。

とあって、これで室町時代には三十八所の内に、右の五社五神があったということがわかるが、残りの三十三所については、これをつまびらかにすることはできない。

ところでおよそ三十八社というのは、この大社にかぎったことではないのである。『大和名所図会』によれば、葛城の金剛山寺開山堂や春日若宮の外院に三十八所の祠《ほこら》があり、どれも修験がこれに関係していることを知るのである。柳田国男の説に、仏教徒がその寺内に斎く神社は、著名な所々方々の神を新しい思いつきと選択とでもって結びつけ、三所五所七所という類の名称、はなはだしいときは十九所三十八所などというのさえある。こういう数字は僧侶の教理、曼陀羅の思想からでるものである。日吉の二十一社なども山僧は何といおうとも、神の名を見れば寄せ集めとしかみえない（『新国学談』三、「氏神と氏子」）といっていることは、大社の東西十九社のことを考えるに大きな示唆となる。すなはち仏教の教理なる曼陀羅の思想がこの場合はたらいたとすることは、国々の神々が、十月の神有月に大社に集合されるという俗信と、呼応しあい一致するものがあることを知ることができるのである。

中世では仏教の教理と神道とは密接にとけあっており、厳密な区別はつけにくいものがあった。地方の国司がその国庁の近くに祭る総社という施設も、仏教の曼陀羅思想が根柢にはたらいているといってよい。東西十九社はこういう仏教徒が、その寺内に斎く神社祭祀のしかたに由来するものであり、三十八所三十八神という考え方が、寛文の造営に際して、東西十九社ということになったのではあるまいか。このように私は、この十九社というもののなりたちを考えているのである。

囲いのある御饌井

御　饌　井　祭
現国造（宮司）が御饌井の前で三十番の舞をまっている。

さていま申したように大社瑞垣八足門の南に拝殿があり、その西側に御饌井《みけい》、その西に庁《ちょう》の舎《や》がある。この「御饌井」は大神の御饌《みけ》を炊ぐ用水であるからとくに尊ばれ、古伝新嘗祭の前後、すなわち十一月十七日と十二月二十五日の両度に、国造親祭の御饌井祭が執り行われる。この日早朝御饌井を飾り神饌をそなえて国造が祝詞を奏する。このあと国造は神舞を行い、この間神人は琴板を打ち鳴らしつつ、前半はア、ア、、ウンウンととなえ、後半は神楽歌をうたう。静かな祭りで、参拝者もこの御饌井祭が一方に厳粛にとり行われていることも知らずに、境内を散歩しているのである。

琴板というのは、杉の薄板で造った長さ二尺三寸八分、高さ三寸四分、幅七寸二分のもので、裏側には径三寸二分の穴があいでいる。糸はついておらず、柳で造った長さ二尺一寸五分の撥《ばち》で打ち鳴らすのであって、非常に古い様式をつたえている楽器だとおもう。

真菰の神事

広い出雲大社の境内で、おとずれた参拝者の気づかずにおわりがちのものに、銅鳥居裏側にひっそりとしずまっている「御手洗井《みたらしのい》」がある。やがて夏に入ろうという六月一日には、ここで涼殿祭《すずみどののまつり》が執り行われる。瘴癘《しょうれい》の夏を無事息災にすごせるようにという意味の祭りではあろうが、今日となってはその由来も明かではない。この日国造以下祀職一同は、本社の東方一丁あまりの出雲森《いずものもり》に参向して祭事を行い、ついでここから御手洗井にいたるまでの道筋に、立砂を盛り真菰《まこも》を敷き、国

御手洗井

6月1日に涼殿祭が行われる。

出雲森の祭事

真菰の神事

真菰を敷き立砂を盛り国造はその上をあるく。

造はこの上を歩む。これは大国主神の往復のしるしであり、町民はじめ参拝者は競ってこの真菰をもらいうけてもち帰る。これを「真菰の神事」とよぶ。

この出雲の森からさらに東に一丁いくと境外摂社「命主社《いのちぬしのやしろ》」がある。『出雲国風土記』には「御魂社」と見え、『延喜式』神名帳にも記載されている。祭神は神産巣日神で、大国主神が兄の八十神から焼石の御難にあわれたとき、蚶貝比売《きさかいひめ》、蛤貝比売《うむぎひめ》の二神をお降しになり、その難を救われた

命主社

というのである。

この社で注目すべきことは、寛文御造営（一六六五）の際、その境内の大石の下から銅戈《どうか》・勾《まが》玉《たま》が発見されたことである。今はともに重要文化財に指定され、神祜殿の宝物殿に展示されているが、本来はこれが御神体であったのであろう。銅戈は長さ三三・七センチ、幅一〇・三センチ、茎《なかご》が短かくて身にたいし斜めに関《まち》がついている。銅鐸を中心とした近畿の文化圏にたいし、銅剣・銅矛の北九州文化圏と、二つの文化圏が古く弥生時代にあったといわれているが、東西文化圏の接点にあたる出雲から、この青銅器が出土したということは、考古学上から注目されている事実である。

勾玉は長さ三・六センチ、厚さ九・九ミリ、半透明濃緑色の硬玉、穿孔が大きく孔は一方から穿たれたもので、弥生時代の勾玉としては傑作であり、古代の玉作工人の技術の先例をなしたものであろう。

福迎え

大社本殿と神楽殿の間には、八雲山から素鵞《そが》川の清流が流れている。この素鵞川をさかのぼって数丁、深山幽谷にあそぶ思いがするうちに、右手に「三歳社《みとせのやしろ》」が見えてくる。延喜《えんぎ》式内社《しきないしゃ》で祭神は事代主神《ことしろぬしのかみ》を主祭神に、高比売命《たかひめ》と御年神《みとし》を合祀する。大社本殿背後に禁足地となっている八雲山が、かつて宗教的に信仰の対象となっていたときの、その八雲山の神と本来関係を密接にもつものが、この境外摂社としての三歳社ではないだろうか。

この三歳社は平素参る人も少く、ひっそりとしずまっているが、この山道に絡繹《らくえき》として参拝の人

三歳社と番内さん

がつづいてたえるときのないのは、正月三日の福迎えである。参拝者はここで福柴をうけて、一年間の幸せをえて帰るのである。

わが国の昔話には、桃太郎の話のように、「爺さんは山へ柴刈りに」という一句がきまり文句のように出てくる。これらの説話は柴刈りに山に入り、小さい童あるいは動物を拾って幸福になる話、打出の小槌や金銀財宝を授かる話、めでたい屁を簸《ひ》るようになって福徳を得る話などとして展開する。新しい生命の息吹して蘇える春山入りの柴刈りの予祝的観念を表現したものと言われ、山から迎えてくる柴はタマフリの呪物でもあり、柴に福徳の根元となる呪力があるとの観念に基づく習俗の反映が注視されるのである。

江戸期の記録によれば、三歳社の祭礼は春分・秋分の日。この日にはまた境外摂社阿式社でも祭礼が行われていた。三歳社には御年神が祀られている。御年とは年穀＝稲で穀霊神である。阿式社は味耜高彦根神、耜すなわち農耕神である。つまり、春の豊穣祈念と秋の感謝の祭礼が両社相関して行われたことが窺われる。とくに春分の祈念の中で豊穣予祝があったことは想像に難くない。この季は春山入りの頃、そこに春山入りの柴の福徳の習俗が重ね合されてくるであろう。三歳社は山陰にあり、古くはさらに奥にあった。正に春の山に入り、福徳の柴を授かるのである。昔話の「爺さんは山へ柴刈りに」は、この三歳社の「福迎え」の福柴の意義を示唆するものと言ってよい。

山根通りと仮の宮

大社から稲佐の浜への道「山根通り」は、よく整備され、国造館の背後の鶴山に、国造の潔斎をしのぶことができる。別火潔斎の国造の膳部の食物は、もし食べのこしがあれば、この鶴山の所定の場所に埋めるのだという。聖なる火により調理した食物は、国造以外はこれを口にすることは許されないのである。

三歳社の神事

この山根通りを真直ぐに西へと歩をはこぶこと五丁にして、道は砂丘の小さな峠にさしかかる。この峠にあるのが境外摂社「上宮」である。祭神は、スサノオノミコトならびに八百万神である。この宮もまた参拝者の注意をひくこと少く、日の御碕へ遊ぶ者はまったく見おとしてしまう。陰暦十月の神在祭には全国の神々が出雲に参集するが、そのときの神議《かむはか》りの事の行われるのは、じつにこのささやかな仮の宮なのである、そのときの旅舎には、境内東西の十九社があてられるという信仰のあることは、たびたび説いたところである。

庁の舎　さて境内にかえって、古めかしい社殿のなかでモダンなスタイルで眼をひくものがある。これが庁《ちょう》の舎《や》である。昭和三十八年五月の竣工で、構造は鉄筋コンクリート造、およびプレストレスト・プレキャストコンクリート造。すなわち基本の構造は、両端のコンクリート柱と長さ四〇メートルのI型の梁二本という単純なもので、外壁は出雲地方の独特の稲架けの形を採用し、横桟の間には、特殊ガラスをはめ込んで、適当量の採光に工夫してある。設計者は菊竹清訓氏で、出雲大社がそうであるように、古い

境外摂社「仮の宮（上宮）」

10月に神々が参集して神議りをされる社である。

歴史の中の大きなあかりにしたいという構想に駆られたことと、また出雲はいつの時代でもその時代の技術の尖端を誇っていたという発見とによって、昭和の技術に徹した庁の舎を建てるのが念願であったという。木造建築の伝統が秩序よく行き渡っている出雲大社の神域の中で、この庁の舎は古典的優雅さを失わず、しかも近代的感覚を生かした建物であり、竣工の当初から大いに世の注視を受けた。今日でもわざわざこの建物を見学にくる専門家も多い。

大社の神仏分離

以上が社域内の現在のおもな建物であるが、その以前にはもっと多くの仏教の建造物があった。ところが寛文の御造営にさいし、第六十八代国造尊光の英断で当社から仏臭を払拭することになり、ほかに移された。すなわち三重塔は但馬の妙見山日光院に移されて今は重文となり、鐘楼・撞鐘・護摩堂および大日如来・観音菩薩・弁才天・不動尊の像は松林寺に移され、三光国師の像は西蓮寺に、釈迦如来・文殊菩薩・普賢菩薩の像や輪蔵・一切経は神光寺に、聖殿および六観音は神宮寺に移し、境内から一切の仏教的な色彩を除去したので、早くから今日のような姿になったのである。福岡県早良町の西光寺の梵鐘は、いまから一二〇〇年も前の平安時代初め、仁明天皇の承和六年（八三九）に鋳造されたもので、昭和二十九年に国宝の指定をうけたが、この梵鐘はもと出雲の領主尼子経久が出雲大社に奉納したものである。西光寺には大社の神宮寺であった松林寺と、その末寺多福寺印のある古文書を蔵している。

庁の舎

ちなみに当時の大社に附属していた寺院は、神宮寺・松林

神楽殿

寺・松現寺・玉泉寺・海善寺・海蔵寺・法海寺・所讃寺・永徳寺であった。当社の神仏分離はこのように明治維新を待たず、江戸時代前期の早くに行われた。大社ならびに大社に奉祀する国造の見識と自覚というものが、こういうところにもうかがわれるであろう。

神楽殿

境内を西の門からでて素鵞川をわたったところに神楽殿がある。この神楽殿は、後章で触れる大社教の組織化当時の明治十二年、大国主神の御神慮の教化部門としての出雲大社教院が大社の社務所から国造館内に移転することとなり、謁見室であった大広間（風調館）を神殿とし神璽奉斎したことに由来する。やがて教団は年とともに発展して従来の建物も狭くなってきた。そこで特立五十年の昭和七年には新しく神殿・教務局を建て、大広間を修築、さらに昭和五十六年には翌年に特立百年の祝祭を迎えるにあたり、旧風調館大広間を解体、二百七十畳敷の大広間の神楽殿を新築してその形姿を一新した。ここでは日々、教信徒のお国帰りの祭典、ご縁戴き授かりたいと願う人々の祈願祭・結婚式などを執り行っている。

二　出雲の国造

国造

　『令義解《りょうのぎげ》』といえば、律令政治が熱意をもって行われていた承和元年（仁明天皇）施行の『令』の注釈書で、奈良時代から平安初期にかけての、諸家の説を定めたものであるが、「神祇令」天神地祇の解釈として、

　天神とは、伊勢、山代の鴨、住吉、出雲国造の斎く神等これなり。地祇とは大神《おおみわ》、大倭、葛木の鴨、出雲の大汝神《おおなむちのかみ》等これなり。

とある。

　ここにいう国造《くにのみやつこ》とは県主《あがたぬし》とともに、遠い上代の国の統治機構の一つである。神武天皇のときに倭《やまと》国造や葛城《かつらぎ》国造がおかれたのが国造の始めだというが、それはともかく五世紀の頃には、全国で百三十ほどの国造がおかれ、今日の郡ほどの広さの地域をそれぞれ支配していた。『出雲国造伝統略』

によるに、出雲国造については『旧事本紀』に収められた「国造本紀」に、第十代の崇神天皇の御代「天穂日命十一世の孫宇賀都久怒《うかつくぬ》を以て国造に定めたまう」とあるのが最初だという。

これら諸国におかれた国造のうち、その系譜が今日までずっとつづいているのは、わが出雲国造のほかには、紀伊国造と阿蘇国造とだけしかない。そして皇室と深い関係にあった大伴氏からは一人も国造が出ていないのに、一方、神武天皇が大和に入られる以前から、大和に土着していた勢力たる物部氏からは、国造に任命されたものが、少からず出ていることからもわかるように、国造を命ぜられた氏族はそれぞれの土地で、もともと大きな勢威をふるっていた豪族なのであった。

国造は「クニノミヤツコ」とよまれるのが一般であるが、いつごろからか音よみして「コクゾウ」となり、出雲ではこれを清音でコクソウと昔から読みならわしてきている。中世の文書記録にはしばしば「国曹」と書かれていることもめずらしくない。さて、右の「古記」に天神といい地祇というは神についての分類で、天神とは高天原から天降られた神ならびにその系統であり、地祇とはもとからこの国土に土着の神という意味である。この場合、出雲の国造がまつる神とは、意宇川の川上なる熊野の神であり、大汝神《おおなむちのかみ》とはいうまでもなく出雲大社の祭神たる大国主神をさす。そして『古事記』や『日本書紀』の神話伝承では、大国主神のためにその国譲りのあと、高壮な天日隅宮《あめのひすみのみや》を造って、「汝が祭祀を主《つかさど》らん者は天穂日命《あめのほひのみこと》これなり」と、出雲国造の祖天穂日命に、タカミムスビノミコトが、出雲の大社の祭祀を命じたとしている。

　出雲国造はこうして、出雲大社の西隣りに地を接して国造館が建てられ、大社の祭祀にずっと今日まで当ってきている。千家家に伝わり巨勢金岡筆という出雲大社弁神郷図は実際は鎌倉期のものであると思われるが、国造館は今の千家家にあたる場所にはっきりと描かれている。こうして神代からの伝承そのままに忠実に、天穂日命の子孫の出雲国造は、大社の大国主神につかえてきているのであるが、前記『令集解』の記載に反して、熊野の神については現在は火継（霊継）・鑽火祭以外に直接的に参向することがない。この解明のために、出雲国造というものについて、さらによく知るところがなければならない。

　国造とは大化改新以前には、その国の土地を領し人民を治め、祭政の一切を司りその権能を世襲する、いわば地方君主であった。大化改新にいたって古代からの世襲制が廃され、政治上の権能も国司に収められてしまい、国造とよぶものはただ祭祀権だけを許されるにすぎなかった。だが郡の郡司には、旧来の国造の性識清廉、時務にたえるものが、長官としての大領や、次官としての少領に、また事務能力あるものは、主政や主帳に任ぜられ、改新前と同じように地方に勢威をもっていた。制度が変っても古くからたくわえてきた実力はこれを奪うことができなかったのである。天武天皇の五年（六七七）八月の詔には、四方に大解除《おおはらえ》為《せ》む、用ひん物は則ち国ごとに、国造は祓柱《はらえつもの》馬一匹《ひとつけ》・布一常《ひときだ》を輸《いた》せ。以外の郡司は各刀《たち》一口、鹿皮一張、钁《くわ》一口、刀子《かたな》一口、鎌一口、矢一具《よろい》、稲一束。また戸《へ》ごとに麻一条《たばり》。

と見え、国の祓にあたっては国造が、当時は貴重な財であった馬を、なお負担するに足る能力と責任とをもっていたほど、その勢威の高かったことが、ここからも知れるのである。この詔にあげられた国造には、出雲国造がふくまれていたであろうことは、いうまでもない。

出雲国造

出雲国造の本貫の地は意宇郡である。天平五年（七三三）二月三十日と勘造の日付をもつ『出雲国風土記』は、各郡ごとにその撰録の責任者の署名をもっているが、意宇郡の条には、

郡司主帳	無位	海臣
	無位	出雲臣
少領	外従七位上勲十二等	出雲臣
主政	外少初位上勲十二等	林臣
擬主政	無位	出雲臣

また『風土記』の巻末には監修責任者として、

国造帯意宇郡大領外正六位上勲十二等　出雲臣広嶋

と国造広嶋の名が見える。

意宇郡は前にのべたように、出雲の国の先進地帯として文化も進み、国衙《こくが》もここに置かれ、神名《かんな》樋山《びやま》として姿も美しい茶臼山の東南、松江市大草町の六所神社の一帯が、国庁あとの地と推定されている。出雲国造はこの地の豪族であったのである。文武天皇の二年三月には、筑前の国宗形《むなかた》と出雲の意宇の郡司は、三等親以上の者でも郡司に連用することができるという特例が許されている。当時にあってはきわめて例外的な措置であるが、こういう例外があえてなされるほど、出雲の国造は強力な勢力をもっていたということである。そして、このような勢威は、熊野の神をいただき、遠い神代からその祭祀にあたってきた家であったればこそなのである。

大庭の出雲国造の旧居住地

「風土記」に大社とあるのは熊野と杵築のそれだけである。しかし両大社を列挙するときには、熊野がつねに杵築の前に上位としてあり、逆になることはない。王朝時代に朝廷から授けられた神階も、熊野が杵築よりもいつも一階だけ上であった。これというのも熊野の大社は、もともと出雲国造が奉斎していた社であったからなのである。

出雲国造の居住地

それでは出雲国造は意宇のどこに居をしめていたのか。意宇川《おう》が熊野の山地から意宇の平野部に出てきた、その渓口にあたるところが大庭《おおば》である。ここに「大庭の大宮」とよばれる神魂《かもす》神社がある。ここの旧屋敷地に国造の別館があって、明治維新になるまで毎年の新嘗祭のときと、国造の代替りの火継式のときには、出雲国造は杵築の地からここにきて潔斎《けっさい》をかさね、神事はこの別館の上手の丘の神魂《かもす》神社でとり行われてきたのであった（現在は出雲大社の拝殿で行う）。

大庭の出雲国造屋敷跡から見る神魂神社の森

この社は「風土記」の神社帳にも、あるいはまた『延喜式』の神名帳にも、まったく記載されていないことは不思議だが、それというのも、本来がこの社は国造の館の、いわば邸内社としてはじめられたものであり、陰暦の十一月も末に行われる新嘗祭には、熊野の谷あいは雪に埋もれて、往き来も困難であるところから、熊野の神の遙拝のための神祠という意味をもって、ここに創建されたものであろう。

現在の社殿は火災にあって、天正十一年（一五八三）に再建された典型的な大社造であり、イザナミノミコトを祀る。もちろんこれは後世の思考のいたすところ、イザナミノミコトを葬ったという伯耆《ほうき》と出雲との境である比婆《ひば》山を、飯梨《いいなし》・母理《もり》の山地に設定したことに関係するものでなければならない。この神魂神社が鎮座し、かつては国造の別館があったというこの大庭の地をおいて、ほかに出雲国造本貫の地をもとめることは困難である。そしてこの大庭から東北のかた中海にかけては、開闊地がカラリと開け、条里制の行きとどいた水田と、はるか紺碧の中海ごしに、絵のような島根半島が一望のもと視野に入り、豪族の占拠地としてはまことにふさわしい景観をもっている。

神魂神社

　意宇川・飯梨川沿岸流域に見るおびただしい古墳は、かつてのこの地域の豪族、とりわけ出雲国造とは深い関係にあるものにちがいない。長い年月を経て今は出雲国造家には、それをたしかめる伝承も失せはてている。これまでたびたび研究者に問われてきたことではあるが、古い伝承は歴史のなかに完全に埋没してしまっている。わずかに大庭の神魂神社の

神魂神社から見た中海

大庭の五輪塔

近くに、長い年月の風雨にたえてきた、鎌倉期のものと思われる数基の五輪塔が見られるだけであるが、これとてもかつての歴史をほのかに髣髴とさせ、国造家に関係あるものかもしれないと、わずかに推測されるだけである。

出雲の古代遺跡

近年、出雲の考古学上の新発見はいちじるしく、古代の出雲をさらに具体的に明らかにしつつある。殊に出雲らしさを際立たせ始めるのが弥生時代である。それは墳墓にあらわれる。四隅突出型墳丘墓といわれるヒトデの形をした独特の墳墓で、出雲大社の近くでも出雲市の西谷三号墓など大型のこの墳墓が発掘され葬送儀礼など多くの情報をもたらしている。また、その近くの神庭荒神谷遺跡からは三五八本もの銅剣はじめ銅鉾・銅鐸が出土し、さらにやはり近くの加茂岩倉遺跡から三九個の銅鐸が発見され青銅器のクニと言うほどに耳目を驚かせたが、いずれも弥生時代に当地に大きな勢力があったことを物語っている。

一方、意宇川下流、のちに国分寺が建立されたあたりから、弥生式文化の時代の銅剣が出土し、このあたり一帯には前期・中期・後期の古墳が数多く散在しているのは、古墳時代に、文化

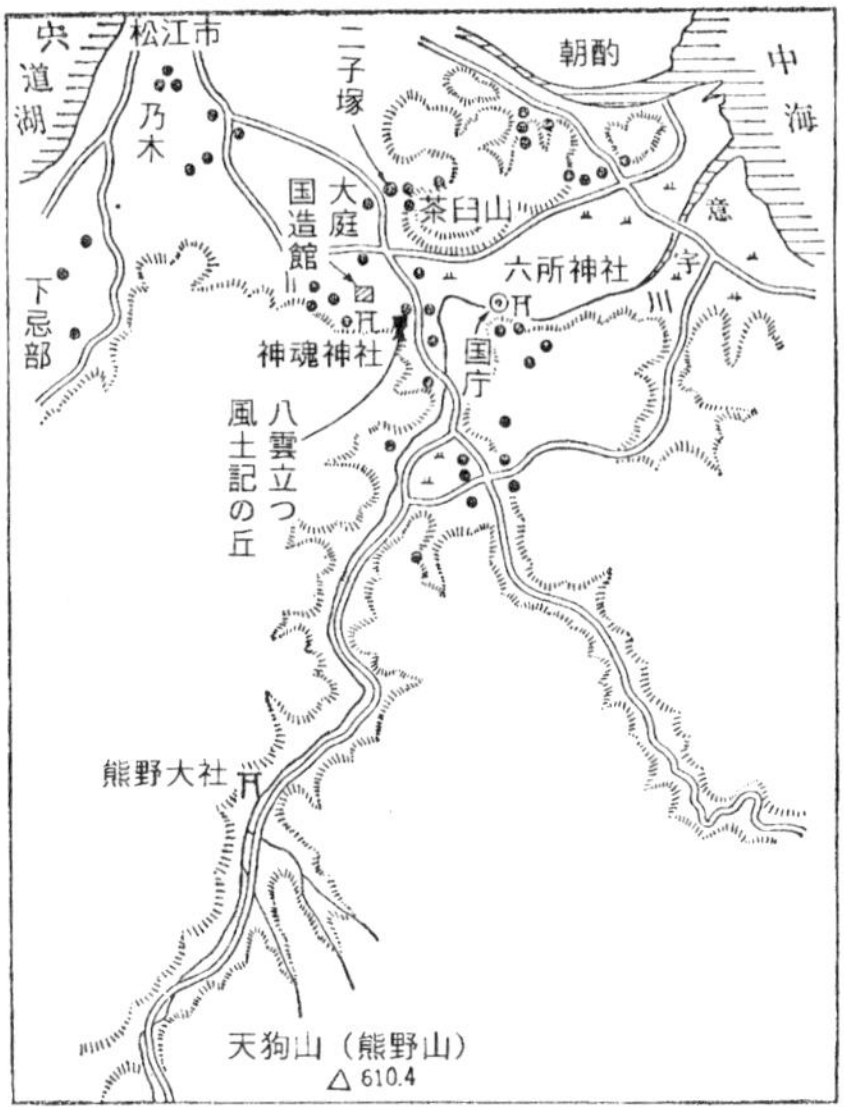

意宇川流域の古墳分布図

●印は古墳。山本清島根大学教授の原図による。

大庭鶏塚古墳

のもっとも繁栄していたところであったからなのである。

　奈良時代に国庁のおかれた周辺には、出雲国内でもとくに大形古墳が多い。最大の墳丘をもつのは大庭二子塚古墳であって、長さ九〇メートル、高さ九メートルの二段築成の前方後方墳、それに湟《ほり》をめぐらし円筒埴輪の施設をもつ。この二子塚は出雲国内で最大であるとはいっても、もとより畿内の壮大な古墳の数多いのには比較すべくもない。また中国地方で最大といわれる岡山県の加茂造山古墳が長さ三百余メートルをもっているのに比べても、その差はいちじるしい。しかし一般に附近の諸国に比べれば遜色《そんしょく》ないといわれている。大庭の鶏塚もまた底辺が五〇メートルを越す方墳であり、人々の眼にいちじるしい古墳である。

　こうして意宇を中心とする東出雲の古墳相は前期の前方後方墳や方墳を主体とし、円墳や前方後円墳は少く、しかもその多くは中期から後期にかけてのものである。

　そして西出雲の簸川郡、出雲市方面は中期以降の古墳が多く、墳形も方墳や前方後方墳はへり、円墳や前方後円墳が圧倒的に増加するという、特色ある傾向を見せている。

つまり出雲にかんしては方墳系が円墳系に先行し、国内にかんするかぎり、東出雲が西出雲より文化の先進地帯を成し、文化は東より西へと漸進したということがわかるのである。かつはまた、方墳系墳墓の築造が、大陸や朝鮮の古墳と関連性が強いと指摘され、円墳系古墳が大和系文化の進展を示唆すると考えるときは、時間のうちに埋没した出雲の古代史を解明する、一つの手がかりを提供するものということができるであろう。

スサノオノミコトが韓郷《からくに》つまり朝鮮半島に往来されたという神話伝承や、国引き神話、あるいは出雲国造の祖、天穂日命が高天原から出雲につかわされたという話は、こういう考古学的知見と対応するものをもっているように思われるのである。そして出雲西部への前方後円墳の進出は、大和の文化を背景にした意宇地方の勢力の、斐伊川・神門川流域への進出を意味するものであろう。『日本書紀』顕宗天皇紀にみえる室寿《むろほぎ》の詞章「出雲は新墾《にいはり》なり」は、斐伊川・神門川流域のめ

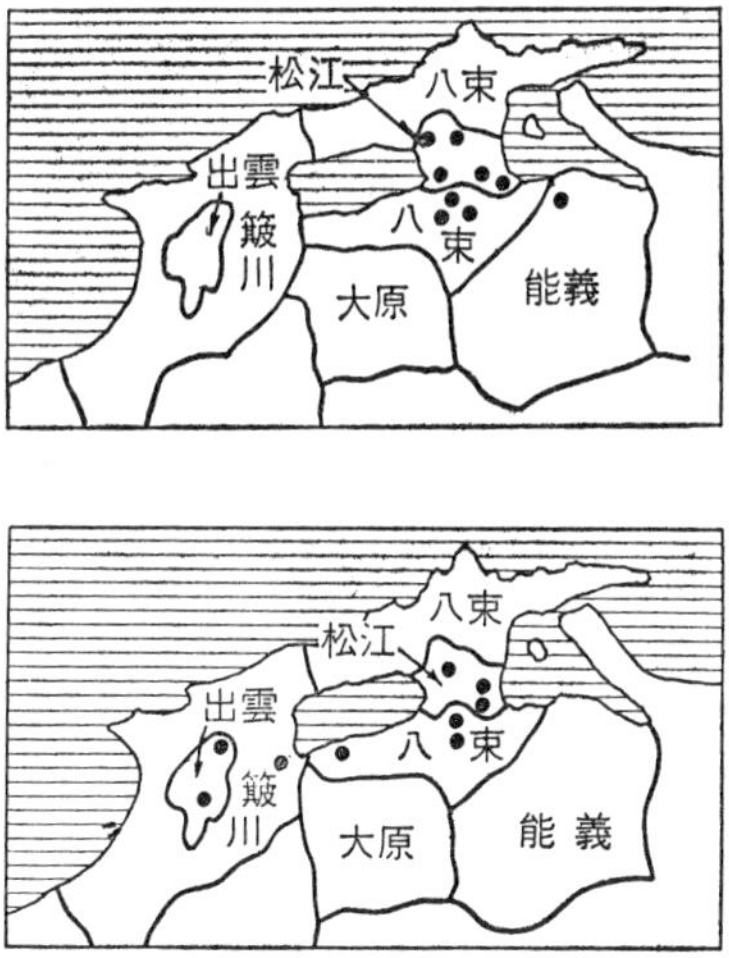

前方後方墳分布(上)と前方後円墳分布

水野祐早稲田大学教授の原図による。

ざましい開拓の進展ぶりが、広く世に知らされていたことを語るものでなければならないとおもわれる。そして意宇川・飯梨川という東出雲の河川は、斐伊川や神門川に比べ、いまも河勢はおとなしい。西出雲の開拓、水田化に最大の脅威を与えていたのは、その斐伊川・神門川の洪水であり氾濫である。八岐大蛇《やまたのおろち》神話の成立の基盤は、東出雲の勢力の、西出雲への進出にあったのである。こういう一連の歴史の動きのうちに、熊野の神を奉斎していた出雲国造の、杵築移転ということがあったと思われる。

〃熊野〃の語義

出雲国造が奉斎してきた熊野の神は、クシミケヌノミコトといって神名のミケが意味するように穀霊であった。そして熊野という地名もまた、この穀物霊をあらわすにふさわしい言葉なのであった。新井白石は物名を説いたその著作『東雅』で、

カミといひし語、転じてクマともいひけり、旧事紀、日本紀等に見えし天熊人命、武三熊大人《たけみくまのうし》、熊野櫲樟《くまぬのくす》日《ひ》命また熊野山、熊成峯《くまなりのたけ》、新羅王子天日槍の齎《もち》来らしし、熊神籬《くまのひもろぎ》など云ふが如き、皆これなり。

とこのように、クマとはカミという言葉と同じだといったのである。事実「神」という字を「クマ」とよむ例は『延喜式』神名帳には能登の国羽咋《はくい》の郡に神代《くましろ》の神の社、『和名抄』石見の国邑智《おおち》郡神稲《くましろ》郷《のさと》、淡路の国三原郡神稲郷《くましろのさと》と、その一々の挙例には事欠かない。しかし出雲国造の祖天穂日命に御子大背飯三熊之大人《おおせいいのみくまのうし》、またの名武三熊大人《たけみくまのうし》があることは、クマという言葉がたんに一般的に、神と

いう意味だけにとどまらないものがあるようにおもわれる。

神話で親子血縁の関係が結ばれているものは、機能的に同一性格、ないしは同一の働きを示すものであるという、神話的思考法の一般原則をここに適用するならば、天穂日命の「穂」とは稲穂のことである。したがってその子大背飯三熊之大人または武御熊大人のミクマとは御粮、すなわち神のめしあがられる穀物であり、御子神はかくて一般に穀物霊でなければならないということになる。

本居宣長や平田篤胤のあとにでた幕末の国学者鈴木重胤は、その名著『祝詞講義』で、天穂日命の子神のまたの名天熊大人《あめのくまうし》の語義を解釈して、「神稲《くましね》及び懸久真《かけくま》などのクマにて、稲穂の事なり」とした。これは卓見である。熊野のクマとは神という言葉の転化であり、さらに限定的には稲穂であり、穀神であったのである。そしてこの熊野の神、ひいてはこの神をいただいて奉斎にあたる出雲国造が、いかに勢威の高いものであったかということは、この意宇の郡が神郡といって、全郡すべて神社の所領であったということからでも、その一端はうかがうことができよう。出雲国造は穀物霊を身におびる天穂日命より出で、穀神として高い権威をもつ熊野の神を奉斎していたのである。

そしてまた大国主神が、大国主神という名をとなえる以前の名大己貴命《おおなむちのみこと》（大穴持命《おおなもちのみこと》）も、国とは前にも述べたように穀物を生み出だす水田であり耕地であり、ナとは土地をあらわす古語であるのであるから、神名は帰するところ穀神としての神格と機能とをしめすものであった。この点においては熊野の神も、はたまた杵築の大宮に鎮まる神も、機能において相通じ、かつ相互にすぐとけあうものをもっていたといってよいのである。

地方の村落の神社をたずねて、土地の故老に祭神の名をたずねてもその祭神の名を知らず、ただ鎮守さまといったり、あるいはお宮とだけしか答えないことが多く、せいぜいよく答えて八幡とか白山とか、国史上に名の高い祭神を漠然というだけである。それでは八幡の神は？　白山の神名は？　とさらに問いただすと答に窮するというのが一般である。これと同じように古代の意宇の人人もまた、熊野の神を漠然と熊野の神と理解し把握するだけで、十分にその穀神としての霊威を感じとり、それに服するところがあったのであろう。「風土記」には「熊野加武呂乃命《くまのかむろのみこと》」と標記するだけなのは、一般世人の理解を示すのであって、「加夫呂伎熊野大神櫛御気野命《かぶろぎくまののおおかみくしみけぬのみこと》」とよんだのは、『出雲国造神賀詞』に見えるように、当時の知識人としての出雲国造の、理解しかつ称するところであったのである。加夫呂伎《かぶろぎ》または加武呂《かむろ》とは神祖を意味する言葉で、この場合それだけで、その神にたいする深い敬愛の念を、表明する言葉であったのである。

熊野の神から杵築の神へ

出雲国造は意宇郡大領を兼帯し、大庭にとどまっていた。ところが楯縫郡の大領、仁多郡の少領のほかに飯石郡の少領も出雲臣であり、その飯石郡の少領出雲臣弟山は、広嶋の後をうけて第二十六代出雲国造となっている。これは出雲の国の各郡の郡家に在勤の出雲臣は、すべて程度の差こそあれ、意宇郡の大庭の地と連絡往還が密であったということを、語るものである。

そしてこの意宇の郡の諸郷には、また大穴持命《おおなもち》とのゆかりをもつ神話伝承が多い。たとえば大庭に近い山代の郷には正倉がおかれ、大穴持命の御子の山代日子命《やましろひこの》ましますが故に、山代というのだといっている。この大穴持命は「風土記」ではたびたび「五百津鉏《すき》なほ取り取らして天の下造らし大穴持命」（『出雲風土記』意宇郡出雲神戸条）とよばれ、その御子神にはまたアジスキタカヒコネノミコトがある。その御名より理解できることは、農耕具として欠かすことのできない鉏と、密接な関係をもつ神だということである。

漠然とクマノノ神を穀物神とよんでいた段階から、とりわけ農具たるところの鉏をとり出して、穀物神としての性格・機能を表出しようとしているのが、大穴持命すなわち大国主神なのである。この鉏を鉄製農具と見なすときは、それだけ農耕技術の一段の進歩発展を、ここに考えることができるのではなかろうか。

このように考えてくるときは、斐伊川や神門川下流の出雲平野の造成がすすみ、「出雲は新墾《にいはり》」と、出雲が新開拓地の代名詞のようにいわれてくる五世紀末葉の時代になると、こういう新しくひらけてきた土地での、作物の稔《みの》り、ひいては生活の安定を保障する神として、大国主神が強く人々の頭を占めてくるようになるのも、また当然であろう。大国主神が古典に登場するときはつねに大国主神であり、大国主命という名で登場するということがたえてない、という一事をとって考えてみても、この神はいつも宗教的な対象と考えられていたということであり、それだけこの神にたいする人々の期待と信頼とが、いかに厚いものがあったかということを知ることができよう。

「風土記」によると意宇郡出雲の神戸をはじめ、出雲郡・神門郡とそこに見ることのできる神戸《かんべ》は、熊野と杵築との二所の大神に寄せられたものだという。意宇郡における熊野大神にたいする崇敬は、やがて大和朝廷にたいする国譲り以後、杵築に祀られる大国主神に集中され、高められるようになったのだ、ということができるのではあるまいか。

国造の杵築移転　それでは意宇の郡司を兼帯していた出雲国造が、意宇から杵築に移ったのはいつのことか。遠い上代のこととて、国造家にもしかとした伝承はなく、まことにこれはむずかしい問題であるが、その解明の一つの手がかりとなるものは、『類聚三代格』巻七の郡司の条にみえる太政官符である。それによると慶雲三年（七〇六）出雲国造は意宇郡大領を兼帯して、延暦十七年（七九八）までにおよぶというのである。とするならば意宇郡大領兼帯という政治的権威をうしなった平安初期に、意宇郡には大庭の熊野の神の遙拝祠ならびに国造館をのこして、大国主神鎮座の杵築の地にあげて移転し、宗教的権威にひたすら生きることになったのではあるまいか。

このことはそして国造家に深いゆかりをもつ熊野の神の祭祀を、けっして放棄するという意図をもつものではなかったことは、国造家と熊野の神との、それ以後の密接な結びつきを見ることによっても、うかがい知ることができるであろう。

前に述べた『令集解』の古記に、「出雲国造の斎く神」を天神とし、地祇なる「出雲大汝神」とはっきり区別しているのであるから、国造としては杵築へ移っても、出雲国内の総斎という大切な場合には、熊野大社に参向していたに違いないのである。神火の相続、古伝新嘗祭等、出雲国造にとっての重大な神事が、そのことをよく示している。

大社の受難時代

こうして出雲国造は、神代以来一系に天穂日命の子孫が相承《う》け、遠い上代の国造の称もかわることなく今日にまで伝えられている。このことは、わが田に水を引くつもりはないが、わが国造家がいわば日本の歴史の精神を具現している、稀有の由緒正しき旧家中の旧家であり、家がらの正しさは皇室につぎ、その成立は五摂家よりも古いといっても、けっしていいすぎではないのである。

出雲大社は出雲国造家がつかえてきているので、国造家以外の他氏があたるということはない。たまたま大社とその社領を他氏が襲うこととなっても、その職掌をながく保つことはできないのである。長い出雲大社の歴史の上で、こうした国造家でない管掌者の例として中原氏の場合が、ただ一度だけあるのである。それは源頼朝が鎌倉に幕府を開き、全国に守護・地頭をおいたとき、文治二年（一一八六）に中原資忠を家人として大社の惣検校職に補し、社領をはじめ諸種の社務を管理させたのである。これより資忠が大社における政治的実権を握り、当時の第四十八代国造孝房は神主職をもって祭祀を司るだけとなった。以後、幕府を後楯とたのむ中原氏が歴代権検校職についた。しかし国造家の伝統は容易に失われるものではなく、ついには新興の武家も抗し切れず、正応五年（一二九二）に中原実政が権検校職をやめ、実権はふたたび国造家に還ることとなったのである。大社の神威をいただく人々が、この中原氏の管掌をよしとしなかったがためである。

元弘三年（一三三三）後醍醐天皇は隠岐より伯耆の船上山《せんじょうさん》に還幸し、鎌倉幕府討伐の軍を起された時は、五十三代の国造孝時《のりとき》は先に記したように、叡願の成就を大神に祈願し、勅旨を奉じて大社の神剣一振を天皇に献上したことは先に述べたところである。天皇はこの神剣を佩いて帰京され、北条氏を滅亡して建武中興の新政を遂げたもうたのである。

千家と北島

出雲大社をはさんで西と東に千家・北島の両国造があり、ともに出雲国造として人人の尊崇をうけているという事実は、出雲を知る人々は誰もがけげんに思うので、国造家が二流にわかれたという事情を以下説明しておこう。後村上天皇の興国四年（一三四三）に五十五代の孝宗が国造となったが、弟の貞孝は、時の出雲での実力者塩谷判官高貞の女が生母なので、その実力を背景に別家し、翌五年六月五日孝宗と貞孝とが約定を結び、年中の祭事および所領等を分掌することとなったのである。

これから国造が二流に分かれて、本家が千家を姓とし、分家が北島の姓を用い子孫がおのおの相継ぎ、今日にいたったのである。したがって大社の年中祭祀は、明治時代までは六十七度であり、そのうち四十八度は千家国造で執行し、十九度を北島国造家が執行した。また、神務の受持は明治四年の神社改正までは正・三・五・七・九・十一の六ヶ月は千家国造、二・四・六・八・十・十二の六ヶ月は北島国造が管領し、閏月の場合は上の十五日を千家国造、下の十五日を北島国造が受けもった。また、造営の時の重大な祭祀といえば釿始《ちょうなはじめ》、柱立、棟上、遷宮の四回の大式であるが、これはすべて受け持ち月の如何にかかわらず、千家国造が執行して、北島国造はたんに参列するに過ぎず、例外として柱立と棟上祭は北島国造の奉仕もあった。すなわち寛文の前の遷宮は慶長十四年(一六〇九)であるが、このときは国守堀尾氏のはからいで、北島国造の柱立、棟上祭奉仕ということになったのである。

千家家の受持月　右の両国造の受持月というのも、いまから千二百余年前の文武天皇のときにつくられた国法の『大宝令』の雑令をみると、正月一日、七日、十六日、三月三日、五月五日、七月七日、十一月の大嘗祭は節日ときめられている。節日というのは今日いうところの祝祭日のことである。平安朝になって五節句となり、宇多天皇のころには正月十五日の上元、三月三日の曲水、五月五日の端午、七月七日の乞巧奠《きっこうてん》、十月上亥《じょうい》の玄猪《げんい》ときまり、江戸時代には一月七日の人日《じんじつ》、三月三日の上巳《じょうし》、五月五日の端午、七月七日の七夕、九月九日の重陽の五節句となった。明治六年一月にこういう節句は公式には廃止されたが、この一、三、五、七、九、十一月のそれぞれの日は好月の好日として、人々の生活に密着し、生活にとけこんでいた日である。こういう好月好日はすべて、千家国造の受持月であったというところからも、大社における千家・北島両国造のそれぞれの地位は、おのずから明らかであろう。

寛文の造営

大社の歴史にも、時に盛衰があり、戦乱の中世になって社風もようやく衰え、社殿も荒廃し高さ八十尺を維持できず、規模を縮少して仮殿式になった。近世になって第六十八代の国造千家尊光は、このような衰微を大いに憂え、北島国造恒孝とともに協力してその復興をくわだて、松江藩主松平直政の支援をえて大改革を断行した。徳川幕府も五十万両を奉納して援助した。

　そして神仏習合の弊をのぞき、境内地にあった堂塔を廃して拡張整備し、社殿を高さ八十尺という古来の正殿式に復興して寛文七年（一六六七）にはほぼ現在のようなどうどうたる規模の偉容が完成した。出雲大社の神仏分離は、じつにこの時に行われたのであって、神仏分離といえば一般には明治初年のことと思いがちであるが、当社ではこのようにきわめて早い時代の事であった。

兵庫県八鹿町の妙見山日光院に三重塔がある。すこぶる格調の高い塔で重文に指定されているが、これはかつて大社にあった塔で、寛文の神仏分離のさいに、大社から移されたものであることは、前にのべたところである。

また、寛文五年に幕府は全国の神社に布令を発して、叙位や装束のことはすべて京都の吉田・白川両家の差配を受くべしと命じたが、出雲大社ではこの命は不当なりとして翌六年両国造は神代以来の家格をくわしく朝廷に奏上して、国造家だけは除外例とすべき儀を奏請した。そこで朝廷は、とくに出雲大社の伝統を重んじてこの奏請を聴し、翌七年霊元天皇から両国造に「永宣旨」を下賜され、当社にかぎって他家の支配をうけることなく、万事国造の処理に従うべき旨を命ぜられたのである。出雲国造家の神社界における特別の地位が、かくてあらためて承認されたことになるのであって、以来千家国造家では、その館号を「永宣旨」のおことばからとって、「風調館」と称することとなり、その額字も有栖川一品親王宮の御揮毫にかかるものをいただいている。

この「永宣旨」を大社では「ヨウセンジ」とよんでいるが、これを読み易いように書き下すと次の通りである。

出雲国造は本寿詞《もとよごと》を奏し恒に潔敬を異にし神の為め自ら重んず。仍ってすべからく永く厥《そ》の職を掌るべきなり。また兼ねて文天風調《ととのほ》り、慎みて撫教の信を布《し》くの有典を徽《よく》し、武日道泰《ゆた》かにいよいよ仁寿彊《きわま》りなきの祝莚《しゅくえん》に苻《かな》い、政術善化に順《したが》う。これ象を北辰に取り、盤石の盛治を安ずること猶《なお》慶を南極に徴《しる》すがごとし。喜感遂に通じ瑞応《ずいおう》斯に表《あらわ》れん。宜しく誠款《せいかん》を効《いた》し夙夜口に祝し心に禱るべきのみ。然れば則ち社中の進退に於ては、事巨細となく其の制度を規倣《きほう》すべしてえれば、天気此の如し。仍って執達件の如し。

寛文七年五月七日　左少弁　資廉

この「永宣旨」にあるところの「恒に潔敬を異にし」とは、国造家が神代以来の別火潔斎、もって奉祀に余念なきところに、国造家の他家に異るものあるわけを認められたということであり、こうしてこの「永宣旨」のお言葉を、つねに忘れることなきを期しているところに、また国造家の国造家たるわけもあるのだと、固く自らいい聞かせているのである。

第七十八代の国造千家尊孫の時に明治維新となり、明治二年その子尊澄が第七十九代の国造となった。明治維新は神道界にも大きな変革をもたらした。すなわち明治元年三月には神仏分離を断行し、同年閏四月には神祇官を再興し、四年一月全国の社寺領を上知させ、同五月神社を国家の宗祀となして国家の管理とし、社格を定め、官社の経費は国家あるいは地方庁から支出し、神官は国家が任命するところとなった。

そこで同年五月に出雲大社は官幣大社に列格し、翌五年一月従来の両国造による分掌制を廃止し、第八十代の国造千家尊福が出雲大社大宮司に任ぜられ、北島脩孝が少宮司に任ぜられた。

明治六年千家・北島の両国造家はともに華族に列したが、同十七年七月千家尊福・北島脩孝はそれぞれ男爵を授けられた。ついで明治十年十二月、政府は神社制度を改正して大宮司の制を廃し、尊福は改めて出雲大社宮司に任ぜられた。その後、第八十一代の国造千家尊紀のあとをうけ、私が第八十二代国造となった。本来、国造は身まかったときに新国造がこれをつぐのであるが、私は戦後健康を損じたので、昭和二十二年天皇の御親拝を前に、その十月一日に異例ではあったが、長男の尊祀《たかとし》に第八十三代国造と出雲大社宮司の聖職を継がせ、現在にいたっている。

以上のように出雲国造ははるかな神代に、その祖天穂日命が天照大御神の神慮を奉じて大国主神に奉仕してから、その子孫が歴世相承けて出雲大社に仕え、男統連綿として八十余代を重ね、終始一貫して国造たる使命を護り、大神の御杖代《みつえしろ》として出雲大社教の中心に立ち、国家社会の安寧と国民の幸福とに尽してきているのである。

〔**補記**〕　現在、出雲大社宮司は、平成十四年四月十八日に千家尊祀《たかとし》の長子千家尊祐《たかまさ》が第八十四代出雲国造を襲職し奉仕している。

二　神火の相続―火継式

火と霊《ひ》

出雲国造の長い歴史のなかには、わが国の歴史としてもいろいろの重要な事柄をふくんでいる。そのもっとも大切なことは、国造家は皇室につぐ古格をもち、神代より連綿として男系が国造を継承し、出雲大社に奉仕してきているという事実である。すなわち国造の職を継承するには、前にも述べたように火継、あるいは神火相続とよぶ厳重な儀式が行われる。

火とはタマシヒのヒであり、生命力の根源の象徴でもある。出雲国造の在世中は、その躬にその根源的生命力は燃焼しつづけているのであるが、国造の身まかるときは、その生命力の象徴としての火は消えたわけである。そこで後嗣の新国造は国造を襲職するときには、新国造自身の火を新しくきり出さなければならない。

しかも古伝によれば出雲の大社の祭祀は、国造家の遠祖である天穂日命がこれにあたるべく、他

熊野大社の鑽火殿

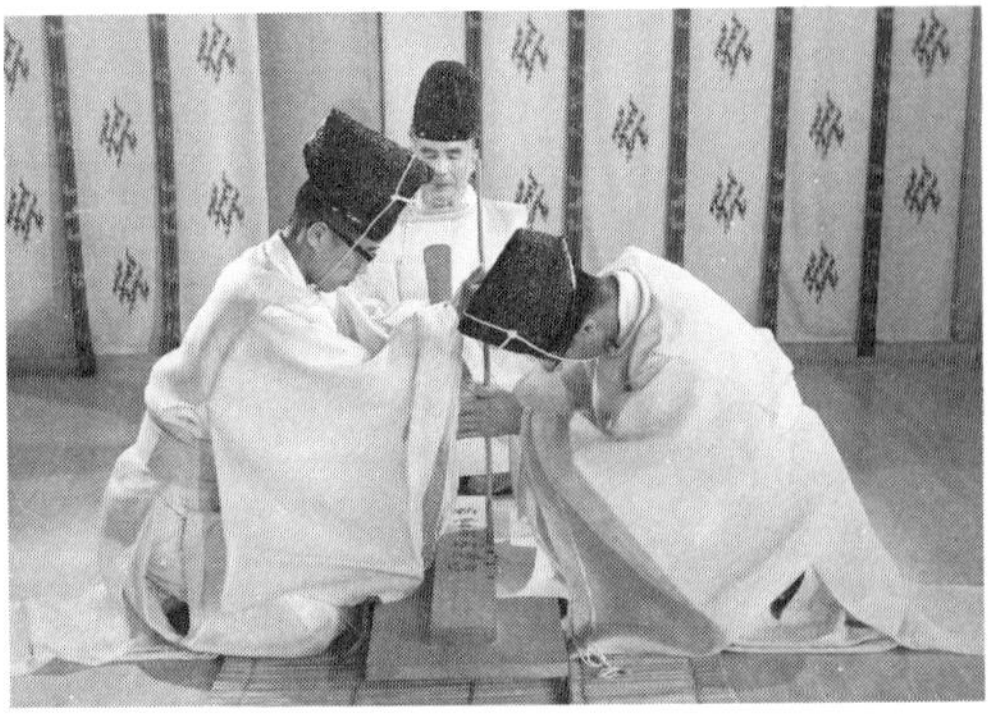

神火の鑽り出し

の者であってはならない。天つ神の仰せとして「汝が祭祀を主《つかさど》らん者は天穂日命これなり」ときめられているのである。そして天穂日命は意宇郡の熊野大神櫛御気野命から授けられた火燧《ひきり》臼・火燧杵で鑽《き》りだした火で潔斎し清浄な躬で大国主神に奉仕することになった。神代の約束にしたがって代々の出雲国造はつねに天穂日命でなければならないのである。あたかも歴代の天皇が、それぞれ御自身の御名をもつ独立の人格でありながら、御代々の天子がいつも、高天原から降臨された、天孫瓊瓊杵《ににぎ》尊それ自体に他ならないとする、こういう神道独自の思考法が、ここにはたらくのである。

　こういうわけで国造が死去（神避《かみさ》りという）するや、その嗣子は一昼夜をおかずただちに、国造家に古代から伝わる火燧臼《ひきりうす》・火燧杵《ひきりきね》をもって国造館を出発し、昔の意宇郡、今の八束郡の熊野大社に参向する。そして熊野大社の鑽火殿で、この臼と杵とにより神火を鑽《き》り出し、その火で調理した斎食を新国造が食べることによって、始めて出雲国造となるのである。このことにより同時にまた、天穂日命それ自体になったというわけなのである。

　この神火相続の儀が無事すんだというしらせが国造家に到着すると、身まかった前国造を小門から赤い牛にのせてはこび出し、杵築の東南菱根《ひしね》の池に水葬することになっていた。国造は永生であるから墓がないというのがその主旨である。前国造の遺骸を赤牛にのせてはこぶというところから、大社町の界隈では、重態の病人がいよいよ回復しないと見きわめ

出雲国造館の斎火殿

がつくと、「あの人もとうとう赤牛だ」と今でもいっている。

こうしてひとたび鑽り出したその火は、その国造在世中は国造館内の斎火殿（お火所《ひどころ》とよぶ）できびしく守り、これを絶やしてはならないとしている。国造は終生この神火で調理したものを食べ、家族といえどもこれを口にすることは許されない。これを口にすると、口の病にかかるといわれている。こうして天穂日命は、神代以来永遠に生き通し、不朽の生命を保って出雲大社の祭祀にあたってきているのである。このようにして神話は、出雲大社にあっては現に生きているのである。

火嗣ぎ

江戸時代のはじめ、林家の『本朝通鑑』の編輯日記である『国史館日録』は、寛文七年六月十二日の条に出雲大社社人談として、「出雲国造家では父死して後嗣が国造になっても、その族はこのために哭く者なく、いずれも新国造の襲職を賀す、子は父の葬に会することなく服忌がない」として、その不審の思いを記している。これは天穂日命が永存して不死だという意味をあらわすものだと筆を結んでいる。おそらくはこういう継承のしかたは、儒教や仏教渡来以前の、すなはち外邦異民族の思想に影響をうける前の、純粋な日本の霊魂観や生命観を表わすものであり、子孫の一人ひとりは祖先の霊魂を承け、祖先そのものであり、この意味で祖先はいつどんなときでも永生なのだということである。服喪という世のならいも、じつは祖霊をわが身に承けるために静かに身を持し、謹慎している期間をさしていうのが、その真の意味でなければならない。

出雲国造の火嗣《ひつぎ》は、こうして天津《あまつ》日嗣《ひつぎ》の日嗣という言葉と、けっして無関係な言葉ではない、火《ひ》と日《ひ》とは古代では音韻を異にしていたというけれども、このように私は思うのである。

さて国造が死去すると、その嗣子は直ちに国造館の表門から出発し、熊野大社に参向して神火相続の儀式をとり行うが、同社の祭神熊野大神櫛御気野命《くしみけぬのみこと》は大国主神の御父神であると伝えている。たびたびいったように、櫛御気野命とはその名義からいって、穀物のゆたかなみのりを保障し約束する神である。中古以後はこれまた繰返しになるが、時により同社より手前、意宇川が平野部に顔を出した渓口に当る大庭の神魂神社でこの相続の神儀を行ったこともある。儀式は古伝新嘗祭にきわめてよく似ている。

霊魂の継承

神火相続の火継式におもいあわされるのは、皇室の即位大嘗祭《だいじょうさい》である。大嘗祭では悠《ゆ》紀殿《きでん》で天皇は先皇の天皇霊をその御躬にうけて、天皇霊の実質としての穀霊を聖躬につけられるのである。宮中の御ことはうかがいえないものがあるけれども、悠紀殿における夕御食、主基殿《すきでん》における暁御食をきこしめされる儀と、出雲国造の神火による斎食とは、たがいに相関するものがあるようにおもわれる。

また信州諏訪神社の最高祠官は大祝《おおほうり》であるが、この大祝は生きた神、諏訪明神そのものとして祭祀を受ける立場にあった。この大祝の襲職は神殿《ごうどの》とよばれる大祝屋敷の西柊木《ひいらぎ》の下を祭場とする。

ここに横たわる石の上に葦を敷くところから始まる。大祝はまず立烏帽子をいただき、神殿をでてこの葦を敷いた石上に着き、装束を着けると東向きに立ち四方を拝する。そして諏訪の上社に詣りかずかずの神事をへて、やがて内御玉殿で神詞を申したてる。この玉殿とは魂殿であり、つまりここで大祝は前大祝から大祝たるの霊魂をいただくのである。この魂殿の密事によって大祝は永遠に生き通しの大祝霊をうけ、生きた諏訪の神として人々の尊崇を一身に集めることとなるのである。

出雲国造の神火相続も、こういう意味における密事である。国造はこうしてただちに前国造の霊魂をうけつぐのである。

霊《ひ》継ぎ

さて、このように見てくると神火の火《ひ》継《つぎ》式とは、じつは霊《ひ》継《つぎ》式ということにほかならないということが知れるであろう。相続とはどこまでも霊《ひ》継《つぎ》でなければならない。皇統連綿として無窮につらなる継承を天津日嗣は永遠だという。この日継という言葉もまた、本来霊継をいうことでなければならない。先に申したように国語音韻の上で日は甲類、火は乙類、古くはそれぞれ音は違っていたはずである。とすれば相続式はどこまでも日継式ではなかったかともおもわれるが、時代が下るにつれて、この火の継承がとくに人々の耳目をひいて、やがて本来は霊継式であるべきものが、このように火継式と、火に重点が置かれるようになったのであろう。

だから、火は継ぐのが目的ではなくして、国造がどこまでも祖霊と同一の霊能をもつということが、主旨でなければならない。こうして出雲国造は代々天穂日命であると同時に、天穂日命として大国主神に奉祀する国造は、また祭儀の上では大国主神それ自身としてふるまうのである。このことはのちに古伝新嘗祭を説くときに、また触れなければならない問題である。

素足で入るお火どころ　国造の霊能は祖霊を火継式においてその躬にうけ、その霊魂を継承する。したがってこの意味で神火は祖霊の霊異の象徴である。国造館内の斎火殿はこうしてもっとも神聖な場所となる。そこで今日でも斎火殿には社人の当直が立ち、また殿内に入るときは国造でも足袋はもちろん、袴・羽織を脱がなければならない。

ここでも思いうかぶのは小泉八雲が大社を始めて参拝したとき、大社の巫女が舞うときに足袋をはかず素足であったという観察である。

宮司が合図をすると、広間の向うの端から、不意に奇異な音楽が起った。太鼓や竹の笛の音である。振りむいて見ると伶人がいて、三人の男は坐敷に坐って、少女が一人これについている。宮司がまた合図すると少女は立った。素足で雪白の衣裳を着た少女の巫女である。（中略）これまで私が見たことのないような神聖な舞いを始めた。（『日本瞥見記』）

ここに八雲がいう宮司とは、私の父尊紀である。わが国の習俗として神聖な所には、むかしわれわれは素足で参じたのである。宮中では摂関の最高の者でも四十の初老を迎え、勅許があった場合をのぞいては、紫宸殿のような神聖で高貴の所には、襪《したぐつ》すなわち靴下をはくことが許されなかったのである。国造家ではこのように古い国ぶりが、そのまま今日まで保たれているのである。

国造の補任

むかしの国造は朝廷から任命されたが、とくに出雲国造の補任式は他の国造と異り、きわめて厳重なものであった。のちに『出雲国造神賀詞』の条でくわしくのべるように国造に任ぜられるや、負幸物《おいさちもの》として大刀・糸絹布・鍬等のいろいろの品物を賜わり、出雲国に帰って厳重に潔斎し、熊野大社の櫛御気野神、出雲大社の大国主大神をはじめ、国中百八十六社の神神に宮廷の永昌を祈ること一ヵ年、それより玉六十八枚、金銀装の横刀一口、鏡一面、倭文《しどり》二端、白眼《さめ》鴾《つき》毛《げ》の馬一疋、白鵠《しろきくぐい》二翼、御贄《みにえ》五十舁の献上物を奉り、後斎一年にして神賀詞を奏上するのである。

朝廷ではその奏上にあたり百官はことごとく潔斎して参列し、天皇は大安殿に御して親しくこれを聞こしめされ、式が終って国造を始め随伴の祝部等にいたるまで、位階を陞《のぼ》せ、あるいは新しく位階を授け、物を賜わったのである。

国造家の神紋

出雲国造の宗教的に特殊な立場、ないしは地位をしめすものとして、国造家の神紋がある。国造家の神紋について考えるためには、大社の御神紋とあわせ考察することが便利であろう。

出雲大社の神紋は二重亀甲に有文字紋、出雲国造のそれは二重亀甲に剣花菱《けんはなびし》と、このように亀甲はちょうど、出雲の神を象徴するようにすら見うけられるのである。

亀甲はもともと平安朝の末から盛んに行われた文様で、沼田頼輔博士の名著『日本紋章学』によると、年中行事・伴大納言・吉備大臣入唐等の平安朝の諸絵巻には、この文様の書かれないものはないという。そして家紋として用いられるようになったのは、南北朝時代からだというが、亀甲がこのように当時の人から愛されたことには理由がある。つまり亀は瑞祥の動物とみなされていたからでなければならない。家紋としての亀甲はこの通りであるとしても、大社の神紋として、亀甲が用いられたことについては、別の理由があるはずである。

出雲国造家の神紋

もと大社の祢宜広瀬鎌之助は、亀甲紋は大国主神の御神徳が六合にあまねきをかたどるものであり、かつ出雲は日本の北に位し、北方は玄武すなわち亀の主たるところであるがためであると説いた。陰陽道からとって玄武云々というのは妥当だと、沼田博士もこれをとっている。

大社がこの亀甲文であるため、美保神社を始め、出雲の諸地方の神社はいずれも亀甲紋をとるものが多く、さながら出雲特有の神紋であるかのようにおもわれやすい。そこで出雲大社崇敬の豪族、たとえば朝山氏がやがて亀甲を家紋に用いるようになるのもまた自然である。信州諏訪神社の神紋である梶葉を諏訪氏や保科氏が、また天満宮の神紋梅鉢を道真公の子孫たる高辻氏や唐橋氏、久松氏の他に大和の筒井氏や斎藤氏などが、その崇敬心から家紋とするようになったのと、まったく同じ事情である。

大社の神紋の亀甲に有文字、この有文字があてられたわけについては前に説明した。

それでは国造の剣花菱紋はどうであろうか。花菱紋は清和源氏の義光流の家紋であり、甲州武田氏がそのもっともよい例である。また劔花菱紋は肥前の藤原秀郷流の竜造寺氏が用いていたが、出雲国造家がこれらの諸氏と全く無関係で、天穂日命を承けるものであることは申すまでもない。したがって国造家が剣花菱を家紋としているについてはまたそれだけの、宗教的・精神的な根拠がなければならない。そしてこのことを知るためには、まず国造が神主と称し御杖代《みつえしろ》といったそのわけを知らなければならない。

御杖代

三月会という祭礼は、明治になってから春の大祭礼となっているが、千家国造家に蔵する寛文元年の日記でこの三月会の条を見るに、御本殿内の国造の座は、御内殿すなわち御神体の鎮ります小内殿と、その大前にある神饌を供する大懸盤との間に設けられているので、国造はあたかも御内殿を背にして神饌の方に向っているということになる。佐草自清の『自清公随筆』や『懐橘談』（続々群書類従所収）も、「祭の時には御供を国造に供へ、国造故ある時には神前に供ふ。ひとへに国造を神の如くに崇敬すること、周の尸《し》といふ類にや」とある。明治五年の三月会の記録にも、国造の座席や神饌をお供えすることは前記日記の記載と同様であるから、こうしたことは神社改正まできびしく正しくまもられてきていたのである。このときの国造の座席と神饌との関係位置については前章「出雲大社のまつり」で説いたとおりである。さて前記の「尸」とは屍ということではない。祭の時に神の依るところの人ということである。シナの『曲礼』に「坐すること尸の如く、立つこと斉の如し」というのがあり、坐するにただしきこと祭のときのかたしろのように、立つに謹むことは斎戒するときのようにならなければならないという意味である。

すなわちこのときの国造の位置からして、国造は大国主神を背にして祭神そのものとしてあるのである。されば国造に神饌が供えられるというわけなのである。国造を「御杖代《みつえしろ》」とよぶのは、その御杖代という文字面から、神の杖となる意味ないしは尊き神に親近奉仕する人、または天皇の御手に代って大神に仕える人だという意味に解釈するのが一般であるが、これらの解釈は以上からしてすべて誤りであって、御杖代というのは松岡静雄の『日本古語大辞典』にいうように、どこまでも「原義は神の〝よりまし〟といふことと解すべきである」としなければならない。

神が顕現するときは、その神を招き迎える聖具として榊木に鏡・剣・玉を用いるのが、遠い昔からのかわることなき、わが民族のしきたりである。天岩屋にこもられた天照大神を、ふたたびお迎えするために、『古事記』では天の香山《かぐやま》の五百津の真賢木《まさかき》を根《ね》掘《こ》じにこじて、上枝《ほつえ》には八尺《やさか》の勾璁《まがたま》を、中つ枝には八尺《やた》の鏡を取り繋《か》け、下枝《しづえ》には白和幣《しろにぎて》青和幣《あおにぎて》を取り垂《し》でてとあり、天孫降臨のときには璁《たま》に鏡・剣のいわゆる三種の神器をもたせられたというのである。また降って人の代となってからは景行天皇が西国に臨幸されると、土地の豪族は現人神《あらひとがみ》としての天皇を迎えるために、賢木《さかき》を抜《こじと》って上枝には八握《やつか》剣をとりかけ、中枝には鏡、下枝には瓊《たま》をつけて出迎えたという記事があり、仲哀天皇のときもまた同様であった。

このように見てくると、神を招き迎えるためには榊に剣や玉・鏡を着けるのである。神祭にはすなわちこうして神籬《ひもろぎ》に鏡・剣・玉をつけて、その榊をけがれなき神聖なもの、あるいはこれにより邪霊をはらいしづめ、けがすことができないようにするのである。現行の神社祭式でも、祭礼には榊二本を社頭に立て、向って右の榊に玉を上枝に、鏡を中枝に、そして左の榊に劔を取りかけるのである。これは明治八年の神社祭式で、いわば社頭の装飾として創定されたものであるが、その本義はたんなる装飾ではなくして、どこまでも神を招き迎えるがためのものであり、榊は神の憑《よ》りしろであるわけである。

以上のようにして見てくるときには、国造家の家紋剣花菱の意味もはっきりとしてくるであろう。要するに剣花菱の紋のある装束を着する国造は真榊であり、その紋所は剣・鏡・玉をあらわして、国造は祭神大国主神の憑りたまう聖なる神籬としてあるということになる。いつでも祭神が憑りたまうとも、支障のない状態としてあるということなのである。このために国造は潔斎をきびしく守ってきているのである。亀甲をもって剣花菱をつつむ形の紋所は、こうして国造に祭神大国主神の憑りたまう状態を、象徴的に表現した図案だといってよろしいかとおもう。こう考えてくるときは、亀甲剣花菱の紋服を着用するのは、国造だけにかぎられるのであって、家紋ではなくして国造であることをあらわす紋章にほかならない。『日本紋章学』という大きな業績をあげられた沼田頼輔博士が剣花菱をもって、ただ亀甲紋の内の空間をうめただけで、それ以上特別の意味をもったものではないと申されたのは、出雲の伝統についての理解に欠くるところがあったという批判を免れることができないとおもう。

一三　注目すべき古伝新嘗祭

新嘗祭

先に述べたように、出雲国造の神火相続の火継式によく似た祭りが毎年おこなわれる。これが十一月二十三日夜の新嘗祭である。大社ではとくにこれを「古伝《こでん》新嘗祭」という名でよんでいる。明治四年の神社改正以前は陰暦十一月中の卯の日に、出雲国造みずから大庭の神魂神社におもむいて、この祭典を執り行っていた。祭りそのものは、国造がその年の新穀を神前に供え、自分も食べて神恩を感謝し、あわせて国家の隆昌繁栄と五穀豊饒を祈願することにある。

新穀を国造が神々とともにいただく——神道の用語で相嘗《あいなめ》という——ということをとおして、国造が神の霊魂をその身につけることに、宗教的な意味がもとめられるのだ、と私はおもっている。一年間をとおして活動した国造の霊威は、冬も近づき陽光も衰えてくるにつれて、その勢威も陽光のように減退する。そこで神との相嘗の祭によって、新しく活発な生命力にみちた神の霊威を身にうけ、こうして新しい年のはたらきが保障され、約束されるという、いわば出雲国造の霊威の復活のための祭りなのである。

出雲国造は前に述べたように、天穂日命の永生のすがたなのではあるが、その永生ということはまたこの新嘗祭において、祭神大国主神の高くすぐれた霊威に接することによって、その内容をいよいよ豊かにし、実にするという考え方なのである。万代不朽といい天壌無窮という。その言葉は立派だが、その立派な言葉に酔ってただ手をこまねいて坐視しているだけならば、個人でも組織体でもその生命力の衰退はこれを免れることはできない。新築の家もその建造が成った瞬間から、いわばいたみ始め朽ち始めてくるのである。つねづね細心の注意をはらい家を守ることにより、その家屋は二十年、三十年あるいは百年と、その生命を保持することができるのではないか。永遠の生命にたいする、日本民族特有の考え方を、ここに見ることができるのである。

伊勢の神宮も二十年めごとに式年遷宮といって、新しく造営できた神の宮に移られるのであるが、この式年遷宮という意義や精神はここにあるのである。手をこまねいて坐視していては、永遠ということ、無窮ということはありえないのである。

仏教では「空《くう》」という考え方で、この永遠というものを象徴しようとした。神道はこれにたいして、人生における具体の諸相に即しつつ、永遠ということを、どうすれば実のあるものにすることができるか、といつも考えているのである。これはひとり神道という宗教の考え方だけではない。日本人の思考・思惟がいつもこういう方向に向いているのであり、実生活の間におのずと養われてきた叡知なのである。子孫がいやつぎつぎに栄えていくところに、おのが血の発展きわまりないことを確信するというのが、われわれ日本人に共通する考え方ではないだろうか。

古伝新嘗祭とはこういった意味で、国造のための祭りなのである。そのほかにもう一つ、この古伝新嘗祭には別の大きな意味があるとおもっている。それは大国主神は国譲りの後、天照大神から「汝は神事すなわち、幽事をつかさどれ」と、いわゆる顕幽分任の神勅をうけて、杵築の大社に鎮まり、天穂日命から手厚い祭りをうけられるようになり、いわば「祭られる神」である。祭られる神であるために、『古事記』ではつねに大国主神と記され、大国主命と記されることはないが、祭られる神になる前は、大国主神自身がまたみずから神を祭っておられたにちがいないのである。あたかも祭られる神としての天照大神が、高天原で天つ神のために、忌服屋《いみはたや》で神の御衣を織られていたという伝承があるように、大神自身が「祭られる神」であるとともに、「祭る神」であったということと、この関係はひとしいのである。

そこで古伝新嘗祭には、出雲国造がこのとき大国主神に代り大国主神となり、大国主神が祭っておられた神々の祭りをとり行う、というもう一つ別の大きな意味があるのである。

古伝新嘗祭とはこういう意味をもった祭りである。いわば出雲国造が天穂日命となりさらには祭神大国主神となるための祭りである。だから当家のつたえるところ、古くは国造自身が熊野大社に参向し、この祭典を執行した。中古以降は冬季の積雪、山路の険阻というようなことから、国造の火継式同様、この新嘗祭も又大庭の神魂神社で行われることとなり、そこから今でも新嘗祭を「大庭の神事」とよぶ。しかし大正四年の御大典に際してこの伝統神事を昔に復し、十月十五日に国造は熊野大社に参向し、新嘗祭に用いる火燧臼・火燧杵を熊野の神から受ける祭りを、熊野の鑚火祭という名で執り行なうこととしたのである。

亀太夫神事

この祭りのときは大社からは昔からずっと、長さ一米《メートル》もある長方形の餅を二枚持っていくのが例である。これを受け取るために、熊野側からは亀太夫という社人がでる。亀太夫はこの餅の出来ばえにつき、かならず口やかましく苦情をいいたて、大社の社人はこれに一々謹しんで申しひらきをすることにしている。そこで出雲では口やかましくいろいろ文句をつける人のことを、昔から「亀太夫」とよんでいる。この亀太夫神事の由来については、人の興味をひくところから、これを解釈して、中古以来熊野の社人が、火燧臼・火燧杵を大社に持参してきたのを、大社では熊野の神の代理として優遇したのが例となり、熊野の社人が増長してしまった。そこでこのような神事がつづいているのであろうといわれるが、私はこれについては一種の悪態《あくたい》祭《まつり》だと解釈する。

この亀太夫神事でまず注意される点は、亀太夫がいろいろ苦情を言い勝つことである。こういう例を二・三あげよう。

静岡県由比町の豊積神社では、その祭礼に浅間神社の祠官がくるが、社では膳部をだす。ところが浅間の祠官はこの膳の料理がまずい、口にあわないといっていろいろ悪口に及び、豊積神社の神主は低頭してわびるが聞きいれてもらえない。ついに逃げ出してこの祭りが終るのである。

また石川県能登の鳳至《ふげし》郡《ぐん》鵜川の菅原神社では、その秋祭に伝兵衛という者の子孫と鍛冶屋の子孫だという者が両人で正座につき、神主の出す膳部の悪口をいい、当屋にあたった者がいろいろ弁解し、神主が仲裁に入ってやっとことがすむ。これがその社の祭儀だという。出雲でも安来市の清水寺は俗に喧嘩祭といって、節分の夜は参拝者の間でおたがいに悪口のやりとりがある。言い勝てば豊年だというので、その悪態は真剣そのものであるが、手出しをすることはないと、昔からきまっている。

こうした悪態祭は年占《としうら》の意味がたぶんにあって、この悪態に言い勝つことが、神が人々の願いを受け入れてくれた証拠だとするのである。出雲の亀太夫神事は本来こういう意味をもつのであるとおもう。それにしても大社の社人は、毎年この亀太夫の難語悪態には苦しむ。祭儀が終ると亀太夫に向って、今年の亀太夫さんはキッかったと、おたがいに談笑し、亀太夫は恐縮するのである。

さて十一月二十三日の夜とり行われるこの古伝新嘗祭の祭場にあてられる拝殿の

古伝新嘗祭の次第

舗設は、境内末社の釜社の祭りから始まる。この、人からはあまり目立つことのない祭りがおわってから、出仕は神釜をかつぎ祭場の敷薦の上に安置して、夜のとばりがおりるのを待つ。午後七時、拝殿の椽に神職がでて斎館に向って声高らかに、「オジャレマウ」と三唱するところから古式そのものの新嘗祭は始まる。これは「お出であれと白《まう》す」という意味である。

火燧臼と火燧杵

この声がかかると出雲国造は斎館から神職をしたがえて静かに祭場に参進着座する。ついで国造は拝殿中央の高間に設けられた祭壇に上り立ち、一揖《いちゆう》してその側に伺候すると、神職は祭壇中央に軾《ひざつき》を敷き、権禰宜《ごんねぎ》は国造の座前に海驢《みち》の敷皮を敷く。敷きおわるのを待って、権禰宜は御飯と醴酒《ひとよさけ》をのせた膳を捧持して、この敷皮の上におき、国造はこの御飯をまず捧げて拝席にすすみ、立ちながら四方に向ってこれを献じ、この後醴酒についても同様の儀礼を行うのである。御飯は新玄米にて炊ぎ、醴酒は新白米で醸造したものを土器に盛り、箸をこれに添える。この場合に使用する火は熊野神社から授かった火燧臼・火燧杵で鑽《き》り出した聖火であることは、いうまでもない。

百番の舞

この後、この祭りの眼目たる国造の相嘗《あいなめ》の式が、まず御飯ついで醴酒とそれぞれとり行われる。国造はついで火燧臼の表面に「新嘗祭御燧臼」、裏面には年月日を書きつける。この臼は熊野大社から古例によって授かったものである。文字をしたためおわると真名井にあった小石二個を土器に盛り、箸をそえた膳を権禰宜が敷皮の上に置き、国造は左の手に土器を持ち、右の手に箸をもってこの小石を噛む歯固式を行い本座にもどり、膳と敷皮を撤去する。ついで国造の「百番の舞」となる。この歯固めの歯とは人の寿齢《よわい》をいうのであってしたがって、歯固めとは長寿を祈念する儀礼にほかならない。相嘗という神との共同食事の後、この歯固めの儀が執り行われるというのは、つまり神に奉祀する国造の長寿を祈念する意味である。

百番の舞の琴板

国造の舞の準備として、祭壇中央に懸盤をおき、左側に手草《たぐさ》を右側にはこの手草を受ける三方《さんぼう》を置き、軾《ひざつき》を敷く。手草とは榊の小枝に葉の二、三枚あるもので、その根に白紙を巻いたものである。国造がこの八足御膳の前に進めば、権祢宜二人が左右に侍し、左座の後取が手草を国造に進める。国造はこれを取って舞い、終って右座の後取《しどり》に渡す。右座の後取はこれを受けとって三方の上におく。「百番の舞」とはこれを百回繰り返すのである。初中終の各三番は起って舞い、その他は坐って舞う。

この舞いのたびに国造は微音で古伝の唱語をとなえ、出仕はこの間琴板を打ち鳴らしつつ、神楽歌を、前の五十番には「アアアア、ウンウン」、後の五十番には「皇神《すめがみ》をよき日にまつりしあすよりは、あけの衣を褻《け》衣にせん」と唱う。褻衣とはふだん着という意味である。またアアアア、ウンウンという唱えごとは神楽歌の調子で、音楽のいわゆる音取のようなものである。このとき歌う神楽歌は『後拾遺集』に見える弓立《ゆたて》の歌である。

以上はつまりこの百番の舞とは神々の恩恵により、五穀の豊穣を得たよろこびを、国造が親しく神神の前に表わし、感謝報恩の誠をささげる儀礼にほかならないのであり、このときの国造は前にいったように、天穂日命であると同時に、大国主神それ自身の象徴でもあるのである。

釜の神事

こうした百番の舞が終ると、祭りは後段にすすんで「釜の神事」に入る。これは、この日の午後、末社釜の社から移した神釜の祭りのことである。この神釜の神事に先だち、国造は祭壇に上り、一揖してこの神釜の前にすすみ、再拝拍手して復座すると、祢宜が神

釜の神事（古伝新嘗祭）

釜の前にすすみ、後は稲束を前は瓶子を竹の棒にくくりつけたもの、ならびに青竹の杖とをうけとり、神釜の前を一揖する。そしてその後この稲束と瓶子とをくくりつけた棒を肩に荷い、青竹を杖として「あらたぬし」と賀詞を唱えながら、この神釜の周囲を廻ること三たび、終って神釜の前に一揖して祢宜はもとの座に復座するのである。これを釜の神事とよ

んでいる。

この釜社の神釜は社伝では宇迦之御魂神《うかのみたまのかみ》という。すなわち穀霊に他ならない。この釜社は一説に戦国争乱の天文九年（一五四〇）正月廿日のこと、この地方の戦国大名尼子誠久の釜が鳴動したので、これをあやしみ、出雲の一の宮すなわち当大社に祭るべく納めたのに始まるという。この釜の神事は古伝新嘗祭とはおそらくは本来別個の神事であったのが、後に新嘗祭に附加されたものであろう。この場合の釜は神の憑《よ》りしろであり、釜を廻ることは神を招く方法なのである。釜とか壺とかが神の憑りしろとなる例は多く、好んで民俗学者の報告するところである。

それではこの釜に招き申す神はどんな神であるのか。大庭の神魂神社では天穂日命が天降る時、釜に乗ってきたという。したがって換言すれば、この釜で天穂日命を招くのであろうか。もっとおしつめていうならば、天穂日命に象徴されるところの祖先神の霊魂ということではないだろうか、と私は思っている。国造家の生んだ学者千家俊信も『出雲国式社考』で、神魂社のカモスという言葉は祖先の意味だと述べている事が思い合わされるのである。神魂神社で行われると同じ祭儀が大社の釜の神事であり、しかも古伝新嘗祭の日に執り行われるというところから、私にはこのように思われるのである。

この釜の神事で気のつくことがある。祢宜が稲束と醴酒《ひとよざけ》を入れた瓶子とを竹の棒の先に振りわけて荷い、青竹を杖に賀詞を唱えながら神釜の周囲を廻るこの行事が、京都の聖護院や高山寺などに所蔵する鎌倉時代の熊野曼荼羅に描かれている、紀伊熊野の稲持王子の神像とまったくおなじ姿をとっているということである。しかもこの稲持王子とは、京都伏見の稲荷の神の姿でもある。

稲荷《いなり》の神とはいうまでもなく穀物の神である。イナリとはイネナリ（稲成り）の約である。北畠親房の著という『二十一社記』には伏見の稲荷社のことをつぎのように記している。その昔京都の東寺に弘法大師が住んでいたとき、その弟子の実恵という者が東寺の南大門あたりを徘徊していると、老翁老媼《う》ただ人とも思えない人が多数、稲を荷って、行き疲れた様子で南大門のあたりに休息しているのを見た。そこで不思議に思って問いただすと東寺鎮守の稲荷の神だったというのである。ここに見える稲を荷える老翁老媼は、釜の神事に稲と瓶子を振りわけて荷っている祢宜《ねぎ》とけっして無関係ではないであろう。このように稲荷の神が、古伝新嘗祭と結びついているのは、いったいどうしてであろう。

出雲国造が本来穀神たる天穂日命であり、その天穂日命が祭神たる大国主神になる祭儀がこの古伝新嘗祭であり、かつ稲荷の神それ自体が穀物神に他ならないという、いわば論理の形式がひとしい故に結びついたということもあるであろうが、それとともに、この古伝新嘗祭が本来十一月中の卯の日の祭りであって、稲荷の神の祭りも月こそ違え、ともに卯の日を祭日とするということが、このように国造の由緒ある祭りたる古伝新嘗祭の後段に、稲荷の祭りが附着するようになった原因であろう。そしてこのことは、釜社の起源についての社伝に徴して、かならず古く遠くさかのぼれるものではないといちおう私は考えているが、「杵築大社造営遷宮旧記注進」の保延七年（一一四一）の条には遷宮仮殿の候補として「竈殿」がみえ、現在の釜社の古名、あるいは前身かとも思われる。

なお大庭の神魂神社でも、十一月の卯の日祭りに御釜の神事がいとなまれ、国造の祖先たる天穂日命が、その中に入って天降ったという神釜に、いろいろの装飾を施し、神官秋上氏がこの周囲を天秤棒《てんびんぼう》に稲束と瓶子を振り分けて荷い、「あらたのし、あらたのし」といって廻るのである。

しかし他方、『貞観儀式』の正月八日講最勝王経儀を見ると、年頭の行事として五穀豊稔を祈って山城の国の役人が、稲を荷って東西二寺に参列するという記載がある。とするならば、こういうように稲を荷うというのは、稲荷の神だけにかんすることではなくして、古くから行われた穀霊をまつる儀式の一種であったかもしれない。

一四　出雲国造神賀詞

一年間の潔斎

さて、出雲国造は新しく国造を襲職するときは、はるばる都にでて、太政官で諸国の郡司を任命するときとおなじような手続で補任されたが、その儀式は、一般の郡司補任の場合とは格段にちがってきわめて手厚く、その上に、別に神祇官で負幸物《おいさちのもの》《さきおおせのもの》を賜わるのが例であった。そして国に還って厳重な一年の潔斎をおえると、国造はふたたび入朝して、ときの天皇にたいしてたてまつるのが、神賀《かむよ》詞《ごと》と玉六十八枚以下数々の進献の神宝である。その詞章はいまも伝わって、とくに出雲国造がたてまつるものであるところから、これを『出雲国造神賀詞《いずものくにのみやつこのかむよごと》』とよび、王朝時代のその昔は、きわめてこれを重視していた。

一年間の国造の潔斎ということは異常のことである。もともとすべて神祭りには潔斎を伴うが、昔の『神祇令』を見ても、一月の斎は大祀、三日の斎は中祀、一日の斎は小祀、ということになっており、天皇御即位の場合、天神地祇を祭るにも、散斎一月致斎三日ということになっていて、一月以上にわたる斎というものはない。ところが出雲国造だけは、この場合一年の潔斎を要求されているのである。しかもこの一年の間は、班田収授の法の行われた当時、出雲の国では班田の年にあたっていても、これは停止して翌年廻しとなり、重刑も判決しなかったというのである。つまりこのように、神賀詞奏上のためには、穢れはあってはならないとし、きびしく忌んだのである。神賀詞の奏上ということをいかに神聖視していたか、わかるというものである。

また朝廷から賜わる負幸物《さきおおせのもの》とは、朝廷が出雲の神からの幸《さき》を得べく期待して、給うところの表《しるし》の物であり、こういう例は、出雲国造のほかに、その例を見なかったのである。

神賀詞

では、出雲国造がきびしい潔斎一年のあいだ、出雲なる百八十六社の神々、わけても熊野の大神と杵築の大社の祭に専心してつとめた後、天皇にたてまつろうとした神賀詞とは、もともとどんな精神をもつものであったのか。いま伝わって『延喜式』巻八に収められている神賀詞には、次のように記載されている。

ここに親神魯《むつかむろ》伎《ぎ》神魯《かむろ》美《み》の命の宣《のりたま》はく、汝《いまし》天穂比命《あめのほひのみこと》は天皇命《すめらみこと》の手長の大御世を、堅石《かきわ》に常石《ときわ》にいはひまつり、いかしの御世に幸《さき》はへまつれと仰せ賜ひし次《つぎて》のまにまに、供斎《いわいごと》仕へまつりて、朝日の豊栄登《とよさかのぼ》りに神の礼《いや》しろ臣《おみ》の礼しろと、御禱《みほぎ》の神宝献《かむたからたてまつ》らくと奏す、古い文章で、しかも神事関係特有の荘重さが詞章に伴うのでわかりにくいが、これをかりに現代語訳すれば、おおよそ次のような意味となるのである。

皇祖の男神女神が仰せられるには、汝天穂比(日)命は天皇の長久の大御世を堅き磐石の如く、とこしなえに変らぬ磐石の如くに、千代に八千代にお祝い申し、栄え行く大御世として永く幸あるようにし奉れと命令あそばされた。その仰せの次第にしたがい、一年間の潔斎を重ねて、今日の朝日の見事に勢さかんに登る時に、神の奉られる礼物、臣たる私の奉る礼物として、大御世を祝い奉る神聖な御禱の神宝を、献じ奉りますことを奏上申します。

ヨゴト

賀詞とは吉事とも吉詞とも、あるいは寿詞とも書いて、すべてこれをヨゴトとよむのが古くからの読みならわしである。ヨゴトというのは、吉凶の吉の「よし」という言葉の語根ヨと、コトバのコトという語との合成語であって、その詞章を述べると言語《こと》霊《だま》のはたらきで、吉事慶事が相手かたの上に生ずるのだという、こういう考え方の上に成立つ詞章である。

この賀詞をば寿詞という文章であらわす場合があることからもわかるように、賀詞は多くは長寿を祝い、かついよいよその寿の長からんことを祈る、ということが多いのであるが、この出雲国造の奏する神賀詞の焦点も、またじつにここにおかれているのであった。そこで前にあげた詞章にひきつづいて、神賀詞は次のような美文で綴られている。

白玉の大御《おおみ》白髪《しらが》在《ま》し、赤玉の御あからび坐《ま》し、青玉の水江の玉の行きあひに、明御神《あきつみかみ》と大八嶋の国知ろしめす天皇《すめらみこと》の手長の大御世を、云々

この意味はこうである。

いまここに出雲国造が献上する白玉のように、天皇陛下には大御白髪が生えるまで御健祥におわしまし、この赤玉のように御顔色はいつも若々しく赤らびて健康にましまし、木の若枝のように瑞々しい色の青玉が、上述の白玉や赤玉と相連なり相並び合って、整っているが如きさまに条理整い、現つ御神としてこの大八嶋の国を治めたまう陛下の長久の大御世が、云々

といって、天皇統治の国が磐石のようにいよいよ動きなく、高きが上にいよいよ隆昌にお治めなされるようにという祈念が、しっとりとしたうちに熱っぽい情熱をもって、ここに表明されているのが、すなわちこの神賀詞なのである。

出雲の玉作

この場合、主上の聖寿の万歳をことほぐ神賀詞の、その中核ともなるべき神宝は「白玉」であり「赤玉」である。今日も出雲を象徴するのは玉であり、大社の参拝者はその門前町に軒を並べた土産店に、美しい赤瑪瑙《めのう》、青瑪瑙の玻璃のようにうるわしい光沢に、心ひかれないものはないであろう。水都松江の遊子も、この瑪瑙の光沢につられて宝石店に、思わずひき入れられるのである。

『古語拾遺』には出雲国忌部玉作の祖として、櫛明玉命《くしあかるたまのみこと》をあげているが、『出雲国風土記』にも古代出雲にすでに攻玉の業にあたっていた玉作工人の存在を示唆する記事がある。すなわち「玉作街」・「玉造川」・「玉作山」・「玉作湯社」等の記載のあることがそれである。「風土記」巻末の通道の条に、

正西の道は十字街《ちまた》より西一十二里にして野代の橋に至る。長さ六丈、広さ一丈五尺（野代川なり）。又西七里にして玉作の街《ちまた》に至り、すなはち分れて二つの道となる。（一つは正西の道一つは正南の道なり）

とあって街《ちまた》というのであるから、当時から人家の多くあつまった地であったことがしられる。同じく「忌部の神戸」の条には、

川の辺に出湯あり。出湯の在る所、海陸を兼ねたり。仍って男女老いたるも少きも、或は道路に駱駅し、或は海中に洲に沚《は》て、日に集ひて市を成し、繽紛として燕楽す。一たび濯ふときは形容端正に、再び浴すれば万の病悉に除く。古より今に至るまで験を得ずといふことなし。故、俗《よ》の人神の湯といへり、

とあって、今日の玉造温泉の景観を、遠く八世紀初頭の繁華に見る思いがする。

古代の玉作工人たちが、この地で攻玉にいそしんでいたと思われるにもかかわらず、『風土記』にこのことを特記しなかったわけは何か。おそらくはこの玉は調《ちょう》として貢納の対象となるものではなくて、神にささげる玉として、その神聖性は人々のことごとく承認するところであったからであ

ろう。

けだし玉のタマという訓は、タマシイのタマと相通じ、本来人の霊魂が憑《よ》りつき、その霊魂を象徴するものがこの玉であったのである。三種の神器の「八《や》尺瓊《さかに》之《の》勾璁《まがたま》」は、天照大神の霊魂の憑りしろであり、その霊威の象徴であるために、つねに主上はその聖躬からはなちたまうことなく、いつも身につけておかれたものであった。そこで、『古語拾遺』にも、

八咫の鏡及び草薙剣の二神の神宝を以て皇孫に授け賜ひ永に天璽《あまつしるし》となす（いわゆる神璽の剣鏡是れなり）矛玉は自ら従へり。

とあるわけである。これを読みあやまって、三種の神器とはもともと剣と鏡の二種であって、玉は後から添加されたのだという説もあるが、これは神宝としての玉の宗教的な性格を、解しない妄説といわなければならない。

剣も鏡もそれぞれいうまでもなく神宝であったであろう。しかし、剣や鏡が神宝として崇ばれるよりも早く、本来玉は神宝としては、一番古くから大切にしていたというのは、タマは本来タマシイのタマであるからである。

玉作の遺蹟は、玉造川の渓谷に沿って、両岸に濃厚に分布している。玉類はその未成品を含めて攻玉の砥石とともに各地点から出土し、丘陵には前方後円墳・横穴墓などの墳墓が分布しているのである。櫛明玉命を祀る玉作湯神社に保管展示されている玉類は、完成品としては、

勾玉　　玉造出土四十余個、忌部村出土七個、碧玉、瑪瑙過半を占め、白瑪瑙と水晶若干を含む
管玉　　玉造出土二十個、碧玉のみ
切子玉　玉造出土五個、忌部村一個、水晶のみ
下げ玉　玉造出土一個、水晶
平玉、丸玉　玉造出土二十五個、忌部村出土一個、十二個は碧玉、他は水晶
となっている。

一覧中の「忌部村」とは玉造温泉街から東に山をへだてた現忌部町のことであるが、原石産出地である花仙山周辺にあって、大場磐雄博士の忌部での発掘調査などからしても、やはり玉湯町一帯が温泉街東岸の史跡出雲玉作跡遺跡にみられるように、玉作の最も盛行した地といえるのである。事実、山本清（当時島大教授）、寺村光晴博士によるこの史跡地内の発掘調査では、夥しい玉類とともに、古墳時代から平安時代に至る玉作工房址群の存在を明かにされたのである。

この玉作の地は、ほかでもなく出雲国造と極めて重要な関わりをもったところである。神賀詞奏上に京上する際に行われる国造の「御沐《みそぎ》の忌玉《いみたま》」、あるいは京上して神賀詞とともに奉献する「御《み》禱玉《ほぎたま》」は、ここでその業にいそしむ人々により調えられたと思われるからである。そしてこの「御沐の忌玉」「御禱玉」は霊魂の象徴であり、霊魂の憑りしろであるということは、あとでのべるよ

うに、この出雲国造の奏する賀詞《よごと》とは、出雲の神たちのたてまつる賀詞にほかならないという推論を、おのずから導き出すのである。

神賀詞の奏上

出雲国造の神賀詞奏上は、歴史の上では元正天皇の霊亀二年（七一六）二月にはじめてみえてくる。出雲臣果安《はたやす》のときである。果安は『出雲国造伝統略』によると、第二十四代国造であり、その子広嶋は『出雲国風土記』を撰進している。そして仁明天皇の天長十年（八三三）四月の、国造豊持までこれを跡づけることができるが、中古以来、歴史の上ではいつしか絶えてしまった。そしてこれが復活したのは、豊持からは一千余年の後、第七十九代国造尊澄《たかずみ》のときであった。

このことは明治維新のあわただしい世の推移とともに、また行われなくなった。しかし尊澄国造の嗣子、第八十代国造尊福《たかとみ》は文部大臣子爵井上毅の要請により、一月元旦のよき日にあたり、国民のすべてが御代のめでたさを歌う「一月一日の歌詞」を作った。このことは、いわばこの神賀詞の精神の再現ともいうべきであった。明治二十六年八月十二日官報三千三十七号附録に「小学校ニ於テ祝日大祭日ノ儀式ヲ行フノ際、歌用ニ供スル歌詞」として公布されたその歌のしらべは、その作曲は明朗にしてのびやかであり、いかにも新春にあたり、御代の長久を寿ぐ歌として、ふさわしいものであった。

年のはじめのためしとて
終りなき世のめでたさを
松竹たてて門ごとに
祝ふ今日こそたのしけれ

初日のひかりさし出でて
四方に輝く今朝のそら（原作は「治まる御代のけさのそら」である）
君がみかげにたぐへつつ
仰ぎみるこそたうとけれ

そして私の長男で現宮司の第八十三代尊祀《たかとし》が国造を襲職した際、その精神をうけて昭和二十三年六月二十一日宮中に参内して賜謁、神賀詞を奉り、出雲産の玉造の瓊《たま》三種一連を献じたことは、意義深いものがあった。

このことは敗戦直後のことである。赤旗は林立しデモは横行する。極東軍事裁判は日本の非を責めたて、天皇制存続についての批判はきわめてきびしく、天皇の御退位をすらもとめる声も高いというその中で、出雲国造の奉る神賀詞は、日本の正しい姿をはっきりと国民に指示し、自覚させるものがあった、といってよいのである。

「神」賀詞

『延喜式』の式部式をみると、出雲国造がこの神賀詞を奏する日は、諸司廃務がとくに規定されているのが注目される。廃務とは有司百官が政務をとらないことで、国の吉凶の大事件のときに行われる措置である。そして出雲国造の神賀詞奉献の式は、天皇が大極殿に出御されて、これを受けられるのがきまりであったのであるから、いかに国家の重大な儀式と考えられていたか知れるであろう。

神賀詞奏上がこのように国の大事であったということは、ひとり平安時代の場合にかぎらず、奈良時代からその通りであったことは、神賀詞奏上の記事が初めてでてくる、霊亀二年二月の記事にも、「この日百官斎す」と『続日本紀』に明記されていることからも察せられるところである。

この出雲国造の神賀詞奏上が、かくも重大な神事と見なされていた理由は、どこにあったのだろうか。その賀詞がひとり出雲国造の奏する賀詞であるにとどまらず、この賀詞が神賀詞といって、とくに神の字を冠するところからもわかるように、国造の躬を通して、出雲の神が天皇《すめらみこと》に奏すのだ、と考えられていたところに、第一の理由が求められるのである。

すなわちこの神賀詞の「神」という字は、たんに神聖という意味の形容詞ではなくて、文字通り神の奏すところの賀詞であったのである。国造が一年間斎い奉った出雲百八十六社の神々、とくに熊野に坐しますクシミケヌノミコトと杵築の大宮に鎮坐する大国主神が、天皇に奏す賀詞であったために、朝廷ではこの奏上をとりわけ重視し、大切な神事としていたのである。出雲の神の神威の高さが思いしられる御儀であるが、そのことはひいては、出雲国造のもてるところの宗教的権威の高さということにもなるであろう。

皇居からの方位

さて、出雲国造さらには出雲の神は、天皇の御代を祝福するという、宗教的なはたらきを発揮するが、それというのも出雲の位置と方位が、こういうはたらきを人々にいかにもと、信頼させうなずかせるものを十分にもっていたからである。幸福を保障する霊位は、西北戌亥の方角から来臨するのだという国民的一般的信仰が、われわれ日本民族の心を強く占めるものがあるということを、文献的にも民俗的にも明かにした三谷博士の研究『日本文学の民俗学的研究』は、出雲学の研究の上に示唆するところ、まことに大きく深いものがある。

垂仁天皇の御代、常世《とこよ》の国にまで使いしたという田道間守《たじまもり》の話や、雄略天皇の御代に蓬萊山《とこよのくに》にゆき仙衆《ひじり》を歴観《めぐりみ》たという水江《みずのえ》の浦島子《うらしまのこ》の話が、いずれも都から戌亥の方向にあたる丹波の国に伝わっていたということも、こう考えてくるとあわせて興味深いことである。

神宝の検校

『日本書紀』によると、第十代崇神天皇の御代に、出雲の大神の宮に神代以来伝えているところの、出雲国造の祖天穂日命の子天夷鳥《あめのひなとり》命が天上からもたらした神宝を、朝廷に献上させるということがあった。そのときは出雲振根《いずものふるね》がこの家の族長であったが、折しも筑紫の国に出かけていて留守だったので、弟の飯入根《いいいりね》がこの朝命を承けて神宝を献上した。出雲振根は帰国してこの話を聞き、神宝を献じたことを遺憾とすると同時に、弟にたいして恨みかつ憤りの気持がとけず、ついに飯入根を誘い出して謀殺してしまった。朝廷ではこのしらせをうけるや、軍将を派遣してこの不遜な出雲振根を誅したというのである。このためにこの一族は朝命を畏み、出雲の神の祭祀も営まず、朝廷からのおゆるしがあるまで、ひたすら謹慎していた、という話が見えている。

また次の第十一代垂仁天皇の御代には、天皇は物部十千根大連《もののべのとおちねのおおむらじ》を出雲の国に遣わして、その国の神宝を検校《かんが》え定め、以来この十千根大連が神宝を掌ることになったという。こうして神宝を献上させるとか、あるいは検校せしめるなどということは、その神宝をただ徴するという簡単な意味ではなく、それまでは出雲の神を仰ぎ、その権威の下に結束していた集団にたいし、大和の朝廷の神威をあらためて承認させることであり、政治的にいうならば、その政治権力に包含吸収されることの承認をせまるということなのである。

さて前記の出雲振根が、弟の飯入根を出雲の止屋淵《やむやのふち》（出雲市塩冶町）におびき出して殺した話と、そっくりよく似た話が、『古事記』ではヤマトタケルノミコトがイズモタケルを誅ったときの話となっている。この場合のヤマトタケルとは、第十二代景行天皇の皇子として、これを固有名詞とうけとるべきではなくして、ヤマトの勇者という普通名詞の意味に考えるべきであろう。大和朝廷の勢威の発展にあたった歴代の天皇《すめらみこと》は、いずれもヤマトタケルであり、天皇の命を奉けて皇威拡張のために活動した宰《みこともち》は、天皇の、さらには天つ神の御《み》言《こと》持《も》ちとして、いずれも同時にすべてヤマトタケルであったのである。

このように考えてくるときは、『古事記』の記載に徴して、『日本書紀』崇神天皇と垂仁天皇のときのこととされている神宝の献上や検校は、神話に特筆されているところの、大国主神の皇孫瓊瓊杵尊にたいする国譲りということと、相互に対応し相互に呼応する事項でなければならない。

橋本増吉博士に従い崇神天皇の時代を三世紀後半に擬し、あるいは菅政友説をとり三世紀の前半にあてることが、それぞれどちらが妥当であるか否かは、ここでは論議すべき場所ではない。要するにいつのときにか古い昔、意宇の地域に勢力を張っていた出雲国造家の祖先が、大和の勢威に服し、その政治的支配を受けるようになったことを、歴史的にいおうとしているのが、『日本書紀』の崇神天皇紀や垂仁天皇紀の記載であり、『古事記』の記事なのである。そしてまた、これを神話的に説明したものが、大国主神の国譲りであるといってよいのである。またこの国譲りの場面が、杵築の稲佐の浜であり、これにたいし、出雲国造家の勢力は、先に申したように、出雲の東部、意宇の地域でつちかわれてきたことを思い合わすならば、大国主神の国譲り神話の成立の時期は、もちろん確実なことはわからないにしても、出雲平野の開拓がいちじるしく進んだ、そうとう後のこととすべきではあるまいか。

このようにいうと、では出雲の人々が誇りとしている国譲りの神話は、世が降っての人間の手になる、意図的な作為やフィクションなのか、という疑問をもつ人もあるかもしれない。こういう疑問にたいするひとつの解答を用意するものが、『出雲国造神賀詞』ではあるまいかとおもっている。

献上する神宝　それというのも、出雲国造が神賀詞とともに朝廷に献る神宝は、天皇の寿康を祈っての白玉・赤玉・青玉のほかに白馬・白鵠があげられている。そしてそののち、『続日本紀』の聖武天皇の神亀三年（七二六）二月のときには、白馬・鵠が、そして世を降っての仁明天皇即位の年の天長十年（八三三）四月には、『類聚国史』に白馬一疋・生鵠一翼と、このようにそれぞれ白馬・白鵠が、共通して見えるという顕著な特色を見のがすことはできない。

白馬は新年祭祝詞によると、白猪・白鶏とともに、御年の神つまり穀物神に奉るのであり、ここから、神賀詞に白馬や白鵠を朝廷に奉るということは、穀物の豊饒《ほうじょう》を祝福するために、つまりは出雲の神が奉るということになるのであろう。換言するならば、出雲の神は、国の農作をゆたかにし、そのみのりを保障し約束する大きな霊威をもつものとして、朝廷の尊崇するところとなっていたとすべきなのである。

たびたびいったように熊野の大神はその名をクシミケヌノミコトというところからも、このことは明かでなければならなかった。同時にまた『豊後国風土記』や『山城国風土記』の逸文を見ても、白鳥は穀霊の象徴そのものであった。そこでの物語りでは己の富におごるあまり、餅を的として射るというような不遜の態度を人がしめしたので、穀神の心おだやかならず、餅はたちまち白鳥となって飛び去ってしまったというのである。

とくにわれわれが白鳥について関心をそそられるのは、垂仁天皇の御子誉津別王《ほむつわけのみこ》が、年長じても言語を発することができないのは出雲の神の心によるものだという古伝承があることである。そして、この王はそれまで物をいわなかったのに、空飛ぶ鵠を見て始めて「これは何物か」と物をいったという。そこで鳥取部連《ととりべのむらじ》が鵠を追いかけて出雲の宇夜江《うやのえ》（島根県斐川町宇屋谷）で捕えて貢上したと、『新撰姓氏録』は説明している。この話も言いかえるならば、神使いとしての白鳥を出雲から献り、朝廷を祝福する儀礼が古くからあり、これが誉津別王の話と結びついて伝えられているのではないだろうか。『延喜式』の臨時祭式を見ると、神賀詞を奏するときの神宝御贄の献物は、

玉六十八枚(赤水精八枚、白水精十六枚、青石玉四十四枚)、金銀装横刀一口(長二尺六寸五分)、鏡一面(径七寸七分)、倭文二端(長各一丈四尺、広二尺二寸、並置案)、
白眼鴾毛馬一匹、白鵠二翼(乗軒)、御贄五十舁(舁別盛十籠)

と大量なものとなっている。この白馬・白鵠は他の神宝とは性質が異なる。出雲が大和朝廷の勢威下におさめられ、大和側からは征服、出雲側からは国譲りとよぶようになってから、献上物の品目のうちに数えられることになったものであるが、もともと白鵠とは、大和からは西北戌亥の方角にあたる出雲の国から、神の祝福として大和の地に訪れてくるところの霊威であったのではあるまいか。こういう習俗と、こういう習俗を裏づける信仰とが先行して存在するところに、崇神天皇や垂仁天皇のときの征服ないしは神話伝承における国譲りの話が、大和朝廷の威力の伸張とともに、成立し発展してくるようになったのではあるまいか、と私はおもうのである。

大和については以上でよくわかる。では出雲在住の人々にとっては、大和の人と同じように出雲を祝福するところの、西からの霊威がなければならないであろう。しからばそれはなにか。

出雲と宗像

杵築の大神の神座が西に向いているということや、稲佐の浜にあがる竜蛇神のことなどはすでに前にも述べておいた。高天原において、スサノオノミコトのもっていた十握剣《とつかのつるぎ》を天照大神が取り、打ち折って三段となし、天真名《あまのまな》井《い》にふりすすぎ、嚙んでプッと吹き出した気息《いぶき》が霧となったその中

から、田心《たごり》姫、湍津《たきつ》姫、市杵《いちき》嶋《しま》姫という宗像《むなかた》の三柱の姫神が生まれられたという。この北九州宗像の神と出雲の神との関係が私には思い合わさるのである。

大社瑞垣内にある「筑紫社」はこうして祀られているのではあるまいか。筑紫の社が瑞垣内の摂社でも、社殿の建造に一段と心いれしたあとの見えるということは、前に述べておいた。『延喜式』神名帳には神魂御子神社というのがあり、『古事記』には大国主神は胸形（宗像）の奥津宮にいます神タギリヒメをむかえて生みませる御子神が、アジスキタカヒコネ（阿遅鉏高彦根）ノ神だという話も見えている。これは日本海沿岸を西の筑紫から流れこむ暖流の方向でもある。北九州における海神《わたつみのかみ》、出雲の地域に幸福をもたらす霊異とは、この海から憑りくる霊威ではなかったか。

古代にあっては神とはつまり、神を奉じその神の勢威のもとに結集する社会集団のことであった。海神とそれを奉ずる筑紫の社会、それは潮流に乗れば古代出雲との交渉は容易であり、したがって密接な関係があったのではないだろうか。島根半島を廻って中海に到着した舟は、出雲の文化地帯である意宇に着くとすれば、今日の「安来」が舟着き場としてまさに恰好であったであろう。

遠い昔にあっては北九州の海岸地帯は、大陸にもっとも近く、それだけに文化の先進地帯であった。その当時の出雲からすれば、その地はまさに文化の明るい光がさしこむ源であったといってよいのではあるまいか。

さて、この国造の神賀詞奉献は一回だけですむものではなかった。奏上の儀がとどこおりなくすむと出雲の国にもどり、ふたたび一年間の潔斎をして神々を祭り、神宝以下をととのえ、ふたたび上京して神賀詞を奏するのがきまりであった。そこで前回の斎《いわい》にたいして、これを「後《のち》の斎《いわい》」とよぶのである。

前斎と後斎

このことはいかにこの奉献の御儀が、重大な意味をもつものであるかということを、十分に考えさせるものがあるであろう。そこでいまに伝わる九条家本『延喜式』所収の神賀詞にも、割注して「若し後の斎の時は後の字を加えよ」と、漢文で注意をうながしているのである。

天穂日命の事績

この神賀詞で、世の学者の注意をひく点がある。国造家の遠祖たる天穂日命についての記載が、『古事記』や『日本書紀』のそれとまったく異ることである。すなわち『古事記』や『日本書紀』ではこの葦原の中つ国、つまり日本の国土がきわめてさわがしいので、それを鎮撫するために天つ神が天穂日命を遣わされたとするが、命は三年を経過してもなお復命しなかった。大国主神に媚びてのことだというのである。そこで天稚彦《あめのわかひこ》とか無名雉《ななしきぎし》をつぎつぎに遣わされたが一向にらちがあかないので、経津主神《ふつぬしのかみ》や武甕雷神《たけみかづちのかみ》をつかわされ、あの稲佐の浜での交渉となるとしている。これと同じ趣きのことは『延喜式』祝詞の「遷却祟神祭祝詞《たたるかみをうつしやろうまつりののりと》」にも見えていて、これが大和での一般的な考え方であったとおもわれる。

しかし出雲での伝承はこれとちがう。天つ神が皇孫瓊瓊杵尊にこの大八嶋国《おおやしまぐに》の政事をお寄托になったときに、天穂日命に命じて国の形勢の視察にお遣わしになった。そこで天穂日命は天の八重雲を押し分け、天翔《あまか》けり国翔けりして、あまねく天下を視察して御返事を奏した。

「豊葦原の瑞穂の国は昼は荒ぶる神どもが、夏の蝿のように一せいに沸くように騒ぎまわり、夜は夜でまた飛び散る火の子のように妖しく光りかがやく神があり、岩根や立木やさらには青沼の水の沫までが物をいい、荒び騒がしい国である。しかしそれらをすべて鎮めて帰服させ、安らかな国として平穏に治められるようにしてさしあげます」

このように申して、御児神の天夷鳥命《あめのひなどりのみこと》にフツヌシノミコト(経津主命)をそえて天降らしめ、暴威をふるう神どもを帰服させ、大国主神をも言葉やわらかになだめしずめて、国譲りの話しあいを無事に成立させた、と天穂日命の功績を誇らかに奏上するのが、『出雲国造神賀詞』なのである。

出雲国造家の精神

天穂日命について、『古事記』や「書紀」の神話伝承と、出雲の伝承とは一見してこんなに大きな差異があるのはどうしてであろうか。神賀詞の奏献は国家の神聖かつ大切な盛儀であり、大極殿に出御ましました天皇の御前で、出雲国造がかくもどうどうと虚偽の内容をもつ賀詞を、神の奏す賀詞として奉献するはずもなければ、またできることでもない。出雲国造の奏することはどこまでも正しい事実であり、間違いのないことでなければならない。

これについては賀茂真淵がその著『祝詞考』でいっていることが、当をえているであろう。それは以下のようである。

穂日命は大国主神に媚《こび》ついて三年になるまで復命しなかったと古事記や書紀にあるのに、この神賀詞でこのようにいっているのは、国造がその遠祖のことだからと筆を枉げていると思う人があるかもしれないが、そうではない。この神賀詞の伝えごとは右の二書に漏れたのが、たまたま出雲国造家にのこって神賀詞となり、今に伝わっているのである。もし右の二書に見えているように、穂日命が最後まで復命せずにいたとするならば、天若彦《あめのわかひこ》についでの重罪というわけで神罰をこうむるであろうが、そういうことはまったく無く、天つ神の詔によって、将来とも大国主神の祭をなさんものは天穂日命であると命ぜられたというのも、穂日命がよく彼の大国主神を鎮めなだめ、その心事を和め穏やかにしたという功績があったればこそではないか。

このように真淵はいっている。真淵の学問をうけた本居宣長もこの意見に賛成して、『古事記伝』でこの考えを引用し、また近くは山田孝雄博士もその著『出雲国造神賀詞義解』(出雲大社教教務本庁刊、昭和三十五年)でこの説をとっている。わが意をえた説であるとおもう。

これというのも要するに、出雲の国の神々は天皇を守りたまうというのが本義であり、この天穂日命の功績と出雲の神々の祭祀という重い任務とによって、出雲国造はわが国の歴史の上でも、あるいは国民思想の上でも、とりわけ重んぜられてきたのである。

われわれはこの神賀詞によって、出雲の国の神々、とくに大国主神とわが国家の成立との間には深い重大な因縁があることを知るとともに、出雲国造がわが国民思想や道徳、宗教の上に、いかに重い責任と使命とをもつ存在であるかということを、あらためてひしひしと感じないわけにはいかないのである。出雲大社教を千家尊福が結成したという動機も、またここにあったのである。

尊福は伊藤博文に推されて後に政界に進出し貴族院議員となり、静岡・埼玉・東京の知事を歴任して司法大臣となった。政界での尊福の活動は貴族院の木曜会の指導者として、めざましいものがあった。それまでの宗教活動に加えての政治活動である。千家国造家が多額の負債を背負うこととなったのもまた故なきことではない。しかも尊福は終始一貫その姿勢をくずさなかった。ではどうして政界に身を投じたのか。

その尊福の心事をよく語ったものとして、第四代管長千家尊宣の言葉がある。出雲の精神、国造家の伝統をよくあらわしたものとして、それをここに掲げて、出雲理解のための資としたい。

明治十六、七年の頃に、尊福が明治天皇様に借金を申しこみました。相手もあろうに天皇様に借金したいというのでありまして、それも自分の家は先祖が天照大神さまの御命令を承けて、この出雲に来て御奉公を積み、自分は明治になってから大教正に任ぜられ、神道西部管長に補せられて東奔西走し続けたために、内には家産が傾きかけて来ました。然しこれは皇室の御為、日本の為にと思ってやってきた仕事であるからというので、四千両の大金を二十ヶ年賦でお貸し下さいと願い出たのであります……。又もっと面白い、話は我が田に水をひくつもりは毛頭ありませんが、丁度その頃尊福は日本中を駈け歩いて、前に申した通り千家の家の資産が少し傾きかけて来たものですから、家ノ子郎党が皆集りまして、尊福に向って、アナタはこゝにたゞジットしていれば人は皆神さま扱いをしてくれるのにかゝわらず、日本中を駈け廻り歩いて人にもバカにされ、天子様には借金を申し込んだりして家の財産を倒すのはイケないではないか、も少し謹んで家にいて貰いたい、と尊福に諫言したのであります。そうしますと尊福は、お前らの言うことはよくわかる。しかし自分がこうして奔走しているのは、自分の栄誉名達の為ではない。このままにおいておくと世は鹿鳴館時代の思想、欧化万能の思想だから、皇室がお倒れになる。皇室がお倒れになるならば、その前に千家の家は亡びるべきだ。とめてくれるな、と申したそうであります。即ち出雲は天子様や皇室に対し対抗的立場をとっていることは全くないのであります。譲るというばかりではなくして、その真義は皇室を皇室たらしめるために終始働いて来ているのでありまして、私の家の記録にも、祖父尊福の事業や、その他いろいろ書いたものに、ハッキリと見えているのであります。（『神道学』三十四号　昭和三十七年八月）

世間では、出雲大社は日本全国の神社の本家本元だという。本家本元の出雲の心というものは、この尊宣の談話にもよくあらわれているとおもう。

一五　出雲大社教

出雲大社教とは大国主大神を奉斎する出雲大社を宗祠とあおぎ、出雲国造の遠祖天穂日命を教祖とする神道の教団である。その本庁は出雲大社の所在地にあり、全国に分祠・分院・教会を設けて宗祀の御分霊および教祖の御分霊を鎮祭し、全国的な組織で教化活動に努力している。信徒の総数は四百万人を越え、遠くハワイから北米等にもおよんでいる。

出雲御師の活動

出雲大社教教団の沿革は、遠く神代にさかのぼる。主斎神の大国主大神は早くこの国土を開拓し、農耕をすすめ、医薬の法を定めて人々の生活の安定と幸福の基を開かれたが、やがてこの国土を皇孫命に奉還して天日隅宮に鎮りまし、それより幽冥《かくりよ》主宰の大神として、永久に人々の幸福を守護したもうこととなったのである。

以上のように天穂日命は天照大御神の神勅を奉じて大神の宮の祭主となり、その子孫は代々出雲国造を拝命して大社に仕え、その使命の達成にいそしみ、大神の神徳の具現者、御杖代として世々の人々を導いてきたのである。そして出雲大社の神威が国民の間に浸透し、神宮といえば伊勢、大社といえばわが出雲大社と、すぐに人々が頭に思いうかべるというようになったのには、出雲大社の伝統と出雲国造の宗教的勢威もさることながら、社家の人々を国造が諸国に派遣し、神札をくばり神徳を説いて、世道人心の教化布教につとめたその力にまつことが大きい。

こうして布教にあたった人を御師《おし》という。出雲大社の国民信仰の上にしめる位置を語るためにも、この出雲御師の活動の一端にふれなければならないだろう。

出雲大社は伊勢の神宮と並ぶ古さと由緒をもつ神社であり、奈良時代の『出雲国風土記』の伝えるところ、意宇《おう》・秋鹿《あいか》・楯縫《たてぬい》・出雲・神門の五郡にそれぞれ神戸里《かんべのさと》をもっていたという。これはともに熊野と杵築の二社の神戸であるが、こうした社領からいっても、その当時から大きな実力をもっていたことがうかがわれるのである。そして鎌倉時代の康元元年（一二五六）の資財帳では、大社は十二郷七浦三百二十七町を所有していたということは、その神威の高さを十分に物語るものでなければならない。

室町時代に入ると貨幣経済の発展と都市商人層の勃興に伴い、大黒天が大国主神に、恵比寿が事代主神《ことしろぬしのかみ》に習合され、それぞれ福の神として信仰されるにいたった。縁結びの神としての信仰もこうした信仰の基盤の上に培われてきたのである。福の神としての出雲大社の信仰は、一面からいえば、また大社御師の活動により、ひろく国民の間にひろまったといってもよいのである。

御　師

御師《おし》といえば石清水・稲荷・賀茂その他の大社に中世からその活動がそれぞれ見られ、熊野や伊勢のそれがとくに名高い。よその社でこうした布教活動を促進させた契機としては、経済的窮迫がまずあり、そして僧侶により布教活動が最初に行われているという特色が見られるのである。

ところがわが出雲では、中世までこうして一応有数な社領をもち、世の戦乱をよそにその影響をうけることも少く、したがってそうした僧侶による活動は十分には見られなかった。大社の御師による布教活動は、豊臣秀吉の朝鮮の役のときに、神領より陣夫《じんぷ》を出してこれに協力することをしなかったため、千家村・北嶋村等五ヵ村二一三〇石をのぞいて、他の社領はすべて没収され、大社の経済がきわめて危機にひんしたところから始まったといってもよいのである。

寛文の造営にあたり、国内諸社に先だち神仏分離を断行したほどなのであるから、わが出雲大社では他の大社のような仏徒僧侶の支援はなかった。大社の経済をささえ、津々浦々のすみずみにいたるまで大国主神の神徳を説き、布教と教化に挺進したのは、じつに大社の社家の人々であった。

わが出雲大社祖霊社に蔵する祖霊系譜によると、天正年間のものが最古である。大社の神官の組織は国造・上官《じようがん》・近習・中官《ちゆうがん》などとわかれていたが、御師にはこの中官があたるのが一般であった。御師は地方に出ても大名や領主からは好遇をうけ、数人から十数人の送夫・先触れをしたがえ、出雲の神使として権威をもっていたというのも、また出雲大社の高い地位を示すものである。地方の教信徒と御師とはこうして固く結ばれ、信徒の参拝はつねに御師の宅に宿泊し、御師はまた教信徒の精神的保護者、指導者として、御師宅への宿泊はすなわち、親もとへ帰ることを意味するといわれるように、固い連帯と信頼の上に結ばれるようになっていたのである。

今日出雲大社教の教信徒が、大社参拝を「お国帰り」とよぶが、こういう呼称の発生する基盤が、近世初頭からの御師の活動によって、まず固められていたのである。

願開き舟

願開き船

大社の宝物に「願開き舟」がある。土佐の本山助藤村（今の高知県本山町字助藤）に住む志和九郎左衛門が、大国主神に祈願して病がなおったので、報恩のため参拝を望んだが旅費にこと欠く状態である。そこで丈け一尺三寸五分、幅三寸五分の小さな丸木舟に、寛永銭十五文を納め、表の中央に「出雲大社様　土佐国本山助藤寅年男」、右側に「天明元年丑十月十七日」と彫って、己が宅前の小川に流したのであるが、三年を経てある日、一念首尾よくこれが稲佐の浜に漂着し、大社神前に供えられたのが、この「願開き舟」なのである。

讃岐の金刀比羅宮への流し初穂はどこで流し、どこに漂着しても、無事社頭に届けられるという信仰にも似た話であるが、このつつましくもまた熱い情のこもった話の裏には、土佐の国を旦那場としていた中官矢田仲太夫の、真摯な布教活動があったわけなのである。

千家尊福

さて明治維新の後、新政府は祭政一致を施政の根幹にすえ、神祇官・宣教使・教導職を設けて全国的に神道の布教教化を開始するようになった。当時の出雲大社大宮司は第八十代の国造千家尊福《たかとみ》であった。尊福は御祭神たる大国主大神の御神徳であまねく世道人心を導き、明治の新社会の進運に寄与しようといち早く発心した。それまで、大社の信仰は御師の活動により諸地方に普及していて、すでに甲子講、あるいは出雲講とよぶ信仰団体が各地にあったが尊福はこれらの信仰団体を結集総合して、一層強力な布教機関としようと、明治六年一月、まず大社の氏子で出雲大社敬神講を結成し、社内に大社教院を設けてその活動を開始した。すなわち地方講社との連絡を密にしてその布教を援助指導し、新しく教会講社の設置をはかり、講長の教導職任命や具申につくし、広く国民に敬神崇祖の念を植えつけた。とりわけ、大国主大神の経国治幽と和譲との精神を説いたのである。これが出雲大社教の起りである。かくて同月二十五日には教理の根本精神たる経国治幽と敬神崇祖の御心を具現するために、氏子の祖霊を大社の境内に鎮祭しようとして祖霊社の造営を請願し、翌二月十九日政府の許可をえた。この祖霊社の鎮祭ということは、よその神社にもその例は乏しく、わが大社が先鞭をつけたといってもよいのである。氏子と神社との結びつきは祖霊社により、一段と強固なものになるのである。ついで同年九月二十三日尊福は敬神講の組織を改めて出雲大社教会とよび、教部省から教会結成の認可をえた。もちろん、尊福がその長であった。時に尊福は教導職最高の大教正に兼補せられ、西部管長の重職に任ぜられていた。祖霊社は同八年十二月に銅鳥居前の馬場西側に、本殿・通殿・拝殿の三棟からなる社殿が竣工して鎮祭を行った。

その後、尊福は出雲大社教会の規約を改めてその規模を拡張したが、そのときに教会にまつる大国主大神・天之御中主神・高皇産霊神・神皇産霊神・天照大御神・産土神の六柱の神々の御神徳をしめした。

このことは翌九年五月十七日のことであり尊福の著作『教会神徳大意』により、次のように教義の大要がきわめて簡潔に述べられることになった。

天之御中主大神は萬生の元霊にして、高皇産霊大神、神皇産霊大神は造化の神業を掌り給へば、天地万物の起原する所、一も其神徳に因らざるは無く、天照大御神は日界の大主宰にして、人類万物悉照煦の洪恩に洩るる事無し。大国主大神は邪神を掃蕩し、乱暴を撥平し、大に国土を経営して、人民蕃育の道を開き給ひ、幽事の大主宰となりて出雲大社に鎮坐し、皇基を守衛し、万民を愛護し給へば、人として生前死後大神の恩頼を蒙らざるは無し。
産土神は各地の幽政を分掌し給へば、氏子たる者、愛育の恩徳を受けざるは無し。
右神恩を蒙る所以を詳にして、生死不弐、信頼する所を定むべし。

というのがそれである。

そこで同月二十三日に本部の名を出雲大社教院と改称し、大社の社務所に教務課をおいて教務をつかさどり、神道中教院をも設けて管掌処理させた。

やがて教会の活動が活発となるとともに教勢もしだいに拡大してきたので、同十一年一月十一日には出雲大社教会の出張所を東京府神田区の神田神社内に設けて東西の連絡を保ち、大いに教勢をはった。したがって教院の事務もしだいに膨張するとともに神殿も事務所も狭くなってきたので、翌十二年十一月十五日、千家国造館邸内に教務局を新築して大社の社務所から移り、国造館の風調館大広間を改めて教院とした。これが今日の神楽殿である。ここで尊福は信徒との緊密をはかり、教会活動を一層さかんにするため、『開諭文』を公布し、その拠るところを明かにしたのであった。こうして大社教の基礎はいよいよ強固となったといってよい。

出雲大社教の教理

出雲大社教の教理は、人生は顕幽二界にわたり、生と死とにかかわる。天照大神は顕事を主宰し、大国主神は幽事を主宰すること、あたかも車の両輪に似ているといって、神社神道がこれまで人生を生の面においてとらえ、生のよろこびを謳い、生の充実をとくということに、重点がおかれすぎていたきらいがあるのにたいし、死ということをつきつめて考え、大国主神の信仰により死の問題に解決を与え、顕幽を一貫し生死を超えた、永遠の生に生き通す道を見出したところに、教理としての強みがある。

いわば死の問題に解決を与えることに成功した、たった一つの神社神道である、といってよい。そして神社神道として教理の体系化を成功に導いたものは、出雲国造家に伝わる伝統であり歴史であり、この伝統や歴史をロゴス化したのは千家尊福であったのである。前記の『開諭文』で尊福はその教理の要とするところを、次のように述べている。

我教会ノ本旨ハ天勅ヲ奉戴シ、世ニ奉祀スル所ノ幽冥《かくりよの》大神ノ神意ヲ奉シ、朝廷至仁ノ徳意ヲ賛成輔翼スルニ在リ、

この精神は遠く大国主神の国譲り以来、一貫してかわるところはないのである。そしてそのためには人々のあり方として、

心ヲ誠ニシテ行ヲ慎ミ、相見ル同胞ノ如ク、相扶ル親子ノ如ク、衆力ヲ集メテ以テ国家ノ稗益ヲ謀リ、以

テ大神国土経営ノ恩頼ニ報ヒ、以テ朝廷億兆保護ノ浩徳ニ答ヘ、生前死後、顕ニ幽ニ、心身ノ幸福ヲ得ルヲ期スヘキナリ。

と述べている。

祭神論

たまたま維新政府は明治八年四月、神仏合併の大教院を廃止し、神仏各自が布教することになったので、神道では神道事務局を設けて布教活動をすることになった。そこで事務局は新しく神殿を造営して布教の主体となすことになったが、尊福は従来の大教院奉斎神たる造化三神および天照大御神のほかに、出雲の精神と伝統を尊重する立場から、幽冥主宰の大国主大神をこれに表名合祀すべしと主張し、神宮大宮司田中頼庸等はその不必要を唱えて真向こうから反対し、ついに尊福と頼庸等との間に大紛争を招いた。世にいう祭神論がこれである。けっきょく同十四年二月二十五日に勅裁が下ってこの紛議は静まり、一品幟仁親王が神道総裁に任じて神道教導職を総管されることになった。

出雲大社教の特立

尊福は勅裁とあればやむなくこれに従ったが、しかしこの紛議を通じて神道事務局と宗教に関する基本的な見解が相違することを知り、とうてい相ともに進むことの困難をさとり、早晩独立した布教態勢を整え、独自の立場で教化活動に努力しなければならないと決意した。言いかえれば、天照大神を核とする国家神道の原理の他に、人の心の機微をとらえ、死という人生最大の問題に解決を与えるべき、宗教としての神道がなければならないということの自覚であり、反省がこれである。

こうして大社教の特立となるのである。その経過を述べると同年十二月三日総裁宮から出雲大社教会が一等教会たることを認められたが、翌十五年一月二十四日政府は神官と教導職との分離を断行し、神官の教導職兼補を禁止した。世にいう「神官教導職分離令」がこれである。

自今神官ハ教導職ノ兼補ヲ廃シ、葬儀ニ関係セサルモノトス、此旨相達候事、

但府県社以下神官ハ当分従前之通

（明治十五年一月二十四日、内務省達乙第七号）

という五十字ほどの短文にすぎないが、この短文の神道界にひき起した波瀾は深刻をきわめた。神官は宗教活動を禁止されてしまったのである。神官は国民を背にして神さまの方に向き、祭祀に専念していればよろしい、ということになったのである。社頭を箒ではききよめ、雀を追っていさえすればおのずと人は敬神崇祖の道に生きるという、きわめて安易な考え方である。宗教というものは、はたしてこういうものであろうか。疑問なしとしない。

しかしながら世の趨勢を見るに、教導職を辞して神官にとどまるかぎり、国家の官吏として、その身分と生活は保障をうけることができるのだということを、この分離令は約束している。そこで

多くの教導職はその職を辞して官吏としての神官になったのであるが、尊福は国民教化を禁じられてなお神官にとどまることを、宗教者としてはいさぎよしとしなかった。しかも日夜とうとうとして流入する西欧文明開化思想が奔流し、自由民権運動が熾烈をきわめ、日本のもっとも大切なもの、国民思想も道徳もまさに危機にひんしているのを、坐視するにしのびなかったのである。

そこで教導職というその職責に深い意義を認めるにつけ、出雲の精神と伝統を布教教化することが邦家のためもっとも必要であり、かつは父祖の道に純一に生きることであると決意して、断然出雲大社の宮司の職を辞し、その跡を弟の尊紀《たかのり》（私の父）に譲り、在野草莽の身分のままに大教正として、東西に国民の教化活動に挺進することとなったのである。まさに非常なる決意であったといわなければならない。時に明治十五年三月一日のことであった。

越えて同年五月十日、尊福は神道事務局から独立して神道大社派を立て、管長職についた。そして十七年七月八日には男爵を授けられたのである。

このように神官教導職分離令のもと、神社が国家管理に移っては、大国主神の御神徳・精神はこれを宣布することは困難だというところから、大社教の特立をはかったのであって、十五年四月には大社教院の出張所を東京の麴町区上二番町四十七番地に移し、五月八日には出雲の本院では大社教の神殿を建設してこれを本祠とよんだのである。そして教団名を十一月六日には改めて神道大社

出雲大社国学館

教とし、十六年五月四日には東京出張所に祠宇を造営して大社教東京分祠とよぶこととなり、二十二年十月には麻布材木町（港区六本木七ノ十八）に移転して今日におよんでいる。東部における布教教化活動の中心である。

　大社教教団の活動の一として、教師の養成機関をもつことは特記すべきことであろう。大社国学館がそれで二ヵ年課程、開設は昭和十三年四月である。大戦の影響で一時やむをえず休校したが、出雲の精神と伝統を体した卒業生はわが宗教界をはじめ各方面に活躍し、邦家の正気振作につとめ、社会の発展に寄与している。

戦後の大社と教団

　このたびの終戦の後は、神社が国家の管理から離れ、宗教団体として各々その本質にもとずいて宗教活動を行うことになった。そこで同二十一年に出雲大社教と改称し、越えて同二十六年四月一日には出雲大社本然の姿に復帰し、明治十五年以前のように出雲大社を宗祠とする新教団として、改めて出発することになった。

元来、出雲大社教が出雲大社と分離したのは明治政府の指令にもとずくものであったが、その事自体が神社の本義に照らしてすでに不合理であったので、従来の布教活動にいろいろの支障が多かったのであった。今日では出雲国造は出雲大社宮司として大国主大神の祭祀を行い、同時に大神の御杖代として教団の中心に立ち、管長は国造の下にあって教務の全般を統宰している。

昭和二十九年九月第三代管長の千家尊有《たかもち》の帰幽を見たので、翌十月千家尊宣《たかのぶ》（私の弟）が第四代管長に就任し、同三十八年五月その辞任の後を承け、千家達彦《みちひこ》（私の四男）が第五代管長に就任して教団を統率している。そして管長のもとに、教団は清新の気に満ちてはつらつとした発展の一路を躍進している。

そして教団の宗祠たる出雲大社では、宮司千家尊紀の後を受けて私が第八十二代出雲国造をつぎ、現在は第八十三代の国造千家尊祀《たかとし》（私の長男）が宮司であって、教団の信望を担い、朝夕神明に奉仕し、遠き御祖天穂日命の神意を奉戴して皇室をはじめ国家国民・教信徒の安寧と幸福とを祈りつづけている。

［補記］　現在、出雲大社宮司は、平成十四年四月十八日に千家尊祀《たかとし》の長子千家尊祐《たかまさ》が第八十四代出雲国造を襲職し奉仕している。

【著者略歴】

第八十二代出雲国造。明治十八年に島根県大社町に生れ、幼名を福麿といい、学習院高等科を経て國學院大學史学科に学ぶ。明治四十四年に出雲大社宮司を襲職し、尊統と改名す。昭和二十二年に尊祀に職を譲る。出雲大社教の三代総裁にも就き、出雲信仰の宣布に尽し、昭和十三年に大社國學館を創設して神道人の養成に努む。特に民俗学に興味を持ち『大梁灰人一家言』の著書がある。昭和四十三年十一月二十三日薨去。

本書は2012年6月に刊行した『出雲大社』［第三版］の一部を訂正し「学生社 日本の神社シリーズ」として刊行するものです。

1968年 8月25日 第1刷初版発行
1998年 8月25日 第2刷初版発行
2009年 9月10日 第2刷12版発行
2012年 6月20日 第3刷初版発行
2018年 8月25日 シリーズ版発行

出雲大社 学生社 日本の神社シリーズ

編 者 出雲大社
著 者 千《せん》家《げ》尊《たか》統《むね》
発行者 宮田哲男

発行所 株式会社 学生社
〒102-0071 東京都千代田区富士見2-6-9
TEL 03-6261-1474／FAX 03-6261-1475
印刷・製本／株式会社ティーケー出版印刷

ISBN 978-4-311-80108-2 C0021
N.D.C.175 266p 20cm